PHILOSOPHIE ET SCIENCE

DE

LA NATURE

PARERGA ET PARALIPOMENA

PHILOSOPHIE ET SCIENCE

DE

LA NATURE

PAR

ARTHUR SCHOPENHAUER

PREMIÈRE TRADUCTION FRANÇAISE

AVEC PRÉFACE ET NOTES

PAR

AUGUSTE DIETRICH

PHILOSOPHIE ET SCIENCE DE LA NATURE
SUR LA PHILOSOPHIE ET SA MÉTHODE
LOGIQUE ET DIALECTIQUE
SUR LA THÉORIE DES COULEURS
DE LA PHYSIONOMIE

PARIS

LIBRAIRIE FÉLIX ALCAN

MAISONS FÉLIX ALCAN ET GUILLAUMIN RÉUNIES

108, BOULEVARD SAINT-GERMAIN, 108

1911

AU

DOCTEUR ADAM POLITZER

Professeur à la Faculté de médecine de Vienne,

Conseiller aulique.

En témoignage de vive amitié.

A. D.

PRÉFACE DU TRADUCTEUR

Les *Parerga et Paralipomena* — il ne faut jamais perdre la chose de vue en les lisant — sont avant tout, dans la pensée de leur auteur, des réparations d' « omissions » et des « additions » destinées à rectifier et à compléter son ouvrage principal, *Le monde comme volonté et comme représentation*. Il y est traité, sous ces deux formes, de sujets en apparence parfois tout nouveaux ; mais il ne peut faire doute, pour le lecteur bien au courant du système du philosophe et qui suit avec une pensée avertie ces nouveaux développements, que le second ouvrage se rattache directement au premier, si ténu et si peu apparent que soit çà et là le fil qui les unit.

Cette filiation est particulièrement incontestable dans le présent volume, le sixième de la série que nous avons entreprise. Le chapitre qui en forme la partie principale et comme le nœud, *Philosophie et science de la nature*, a ses racines dans la conception de la théorie du monde telle qu'elle résulte de la métaphysique propre à Schopenhauer.

Notre philosophe a tenté, on le sait, de rétablir contre Kant la possibilité de la métaphysique ; mais il n'en méconnaît pas, comme Hegel et Schelling qui ont entrepris la même tâche, les justes limites. Les genèses et les cosmogonies à perte de vue de ceux-ci ne sortent pas du devenir et du phénomène, et sont tout entières retenues dans les liens de la causalité ; ce sont, au demeurant, de véritables romans d'une lecture simplement beaucoup moins attrayante que les romans proprement dits, et la phraséologie dans laquelle s'empêtre le style, tout hérissé, comme par autant de fers de lances, de termes abstraits et imprécis tels que les suivants :

substance absolue, être et essence, fini et infini, nature naturée et naturante, suprasensible, nécessité, identité, etc., n'est point faite pour en rendre l'accès plus facile. En présence de ces gros ballons soi-disant philosophiques chargés d'un lest de trop piètre qualité pour se maintenir bien longtemps en équilibre, les esprits les plus avides de la vérité perdaient courage et patience, délaissaient tout au moins momentanément la philosophie et les philosophes pour remordre à leur foi juvénile d'antan, et en arrivaient à trouver, avec le sarcastique et admirable Henri Heine, — qui était juif, — que « les maigres soupes d'hôpital que la charité chrétienne distribue à la pauvre humanité, sont encore plus réconfortantes pour elle que l'affreux brouet plein de toiles d'araignée de la dialectique hégélienne ».

Hegel et Schelling — pour ne citer que les deux principaux coryphées du chœur philosophique de leur époque — prétendaient apporter sans plus la solution définitive de l'énigme de l'univers, qu'ils exposaient en termes aussi amphigouriques que le sphinx antique proposant ses énigmes. Schopenhauer, lui, n'aspire pas si haut. Il a simplement compris que la véritable méthode, que ses adversaires n'ont même pas soupçonnée, consiste à s'affranchir des formes de la nécessité que le principe de causalité impose à la connaissance, et à se frayer la voie dans l'intérieur des choses. Il y a un monde intérieur et transcendant dont les hégéliens et schellingiens ne paraissent pas même se douter, et qui est le seul réel et le seul vrai. Ce monde, notre penseur entreprend de le découvrir et de l'explorer, mais sans se flatter de l'illuminer dans toutes ses parties et de ne laisser aucun recoin obscur, comme la prétention en avait été affichée, avec une superbe présomptueuse, par Hegel, ce Nabuchodonosor de la philosophie.

Voici, à cet égard, le fond des déclarations de Schopenhauer : « La véritable manière de considérer philosophiquement l'univers, c'est-à-dire celle qui nous apprend à reconnaître son essence intime et à nous élever ainsi au-dessus du phénomène, c'est précisément celle qui se demande non d'*où* vient le monde, *où* il va, *pourquoi* il existe, mais uniquement ce qu'il est ; c'est-à-dire, qui ne considère pas les choses dans une quelconque de leurs relations, dans leur devenir et leur disparition, bref, sous l'un des quatre aspects du principe de la raison suffisante. Tout au rebours, elle rejette toute manière de voir qui se rattache à ce principe, mais se rallie à ce qui subsiste, à ce qui apparait dans toutes ces relations, sans leur être soumis en soi, à l'essence toujours semblable du monde, laquelle a pour objet les Idées de celui-ci. D'une pareille connaissance nait, avec l'art, la philosophie, et même cette disposition du caractère qui seule nous mène à la véritable sainteté et fait de nous les sauveurs du monde[1] ».

Et à un autre endroit : « Ma philosophie ne prétend pas expliquer l'existence du monde jusque dans ses derniers fondements ; elle s'arrête au contraire aux faits de l'expérience externe et interne, tels qu'ils sont accessibles à chacun, et en montre l'enchainement véritable et tout à fait profond, sans pourtant les dépasser ni aborder les choses en dehors du monde et les rapports de celles-ci avec lui. Elle ne tire en conséquence aucune conclusion sur ce qui existe au delà de toute expérience possible, et n'explique que ce qui est donné dans le monde extérieur et dans la conscience propre, se contentant ainsi de saisir l'essence du monde dans sa connaissance intime avec lui-même. Ma philosophie est donc *immanente*, au sens kantien du mot... Mais si nous abandonnons le monde pour répondre à des questions qui lui sont étrangères, nous quittons en même temps le terrain sur lequel non seulement toute liaison de cause à effet, mais toute connaissance en général, est possible ; tout devient alors *instabilis tellus, innabilis unda*[2] ».

Cette profession de foi se retrouve fréquemment dans les écrits de Schopenhauer ; il la réitère en chaque occasion, sans se lasser, toujours avec plus d'insistance, comme s'il s'efforçait de la faire pénétrer, ainsi qu'un coin, dans la tête de ses lecteurs. Car il s'insurge de toute sa vigueur contre l'admission de l'idée préconçue d'une métaphysique construite purement *à priori ;* le fondement de celle-ci doit être au contraire de nature empirique. Sans doute, en assignant à la

1. *Le monde comme volonté et comme représentation*, livre IV, § 53.

2. *Ibid.*, livre IV, chap L.

métaphysique une telle origine, on lui enlève cette sorte de certitude apodictique qui n'est possible que par la connaissance *à priori;* cette certitude demeure la propriété de la logique et des mathématiques. En avouant cette origine empirique, la métaphysique ne fait que renoncer à une vieille prétention qui reposait sur une méprise. Elle n'est pas une science établie à l'aide de purs concepts, comme Kant a eu le tort de la définir ; elle est un savoir, ayant sa source dans l'intuition du monde extérieur réel, et, par conséquent, une science d'expérience. Seulement, son objet et sa source doivent être cherchés non dans les expériences particulières, mais dans l'ensemble de l'expérience considérée sous son aspect général. « Ma philosophie, disait Schopenhauer à son fidèle disciple Frauenstædt, dénoue véritablement l'énigme du monde, *dans les bornes de la connaissance humaine*. En ce sens, on peut l'appeler une révélation. Elle est inspirée d'un tel esprit de vérité, que sa partie morale renferme certains paragraphes qu'on pourrait croire suggérés par l'Esprit-Saint[1] ». Et, autre part, il résume l'idée qu'il se fait de la philosophie, y compris la métaphysique, par cette conclusion définitive : « Elle doit rester une cosmologie, et ne jamais devenir une théologie ». En un mot, pour lui, la philosophie commence là où les sciences s'arrêtent.

La métaphysique de Schopenhauer se place donc à titre de conception intermédiaire entre son maître Kant et ses deux bêtes noires Hegel et Schelling. Kant dit : ne rien savoir ; Hegel et Schelling : tout savoir; Schopenhauer : savoir quelque chose. — Quoi ? — Ce qui est contenu dans l'expérience tout entière. — C'est donc avec raison qu'il a défini plus haut sa métaphysique un dogmatisme *immanent*, c'est-à-dire qui reste dans le domaine de l'expérience, qui se propose de ramener celle-ci à ses derniers éléments ; cela par opposition au dogmatisme transcendant, qui, se désintéressant de l'expérience, s'élève au-dessus du monde et se flatte de tout expliquer par des hypothèses gratuites ou des affirmations théologiques absolument dénuées de preuves : inventions enfantines de cerveaux bien plus aptes à enrichir la littérature des

1. *Memorabilien*, p. 155.

contes de fées qu'à se faire une idée exacte des sévères exigences des lois philosophiques.

Schopenhauer fait effort avant tout pour établir de l'harmonie entre un grand nombre de vérités indépendantes les unes des autres, pour ramener le monde à l'unité ; la principale méthode à laquelle il recourt en vue d'atteindre ce but, c'est de jeter un pont entre le monde subjectif et le monde objectif.

C'est donc la métaphysique *réelle* qu'il a prétendu fonder, celle qui saisit dans la volonté la forme intérieure et dernière du phénomène[1]. Or, la totalité de l'expérience, c'est-à-dire des faits qui nous sont donnés, comprend trois ordres de phénomènes à chacun desquels la volonté se rattache tour à tour, pour arriver à son expression la plus complète. Ces phénomènes sont la Nature, la Morale et l'Art. Il y a donc, en conséquence, une *métaphysique de la nature*, une *métaphysique des mœurs*, et une *métaphysique du beau*.

1. Il est bien entendu, une fois pour toutes, que Schopenhauer donne au mot *volonté* un sens inconnu jusqu'à lui et fait jouer à celle-ci un rôle tout nouveau. La volonté qu'il a en vue n'est pas une volonté intelligente, préméditée et consciente, mais une volonté instinctive, inconsciente, celle des mouvements et des forces, quelque chose d'analogue à la « volonté de vivre » ou à l'instinct de la conservation. « En dehors de la volonté et de l'intelligence, dit-il dans *Le monde comme volonté et comme représentation*, rien ne nous est connu, rien ne peut être pensé. Chercher ailleurs une réalité pour l'appliquer au monde corporel, cela est impossible. Si nous imaginons que le vouloir soit quelque chose de plus que notre pure représentation, il faut qu'en dehors de toute représentation, en soi, dans son intime essence, il soit ce que nous trouvons directement en nous comme vouloir. Et remarquez bien que nous connaissons assez cette intime essence du vouloir, pour savoir la distinguer de ce qui n'est pas elle, par exemple de la connaissance qui l'accompagne ou du motif qui la détermine. Tout cela n'est pas son essence, ce n'est que sa manifestation en tant qu'homme ou animal. Quand donc je dis : la force en vertu de laquelle la pierre gravite vers la terre est, suivant son essence en soi et en dehors de toute représentation, une volonté, on ne verra pas dans cette proposition, je suppose, la folle supposition que la pierre se meuve en vertu d'un motif connu, parce que c'est sous cette forme que la volonté apparaît dans l'homme ». Voilà une déclaration nette et explicite, qui ne peut laisser subsister aucun doute.

Les problèmes relatifs à ces trois branches de la métaphysique ont été traités par le philosophe, dans son grand ouvrage, avec une profondeur de conception et une subtilité d'analyse qui rendent, sauf quelques détails çà et là contestables, leur solution à peu près définitive. Les idées à ce sujet qui lui sont venues par la suite, se trouvent consignées dans les *Parerga et Paralipomena*, et nous les avons reproduites, celles relatives aux mœurs, dans le volume *Ethique, droit et politique*, et celles relatives au beau, dans *Métaphysique et esthétique*.

Restent les idées qui concernent la première branche de la métaphysique, celle de la science de la nature ou du *cosmos*. Le présent volume leur est principalement consacré. Le sujet ayant été traité à fond dans *Le monde comme volonté et comme représentation* et dans *La volonté dans la nature*, écrit qui suivit le précédent à dix-huit années d'intervalle, on ne trouve plus ici que des aperçus rapides un peu décousus, des observations de détail détachées dont le lien n'est pas toujours très apparent, mais qui, cependant, se rattachent étroitement à l'ensemble du système. Après que nous avons montré comment Schopenhauer conçoit la métaphysique, il est donc nécessaire de faire un pas de plus et de mettre en relief, dans ses grandes lignes, sa conception particulière de la philosophie et de la science de la nature.

En cette matière comme en celles qui en découlent, notre philosophe a fait de la clef métaphysique empruntée à la volonté, le plus brillant usage. C'est dans une attitude presque hiératique, avec une sorte de frisson sacré, qu'il nous ouvre les salles mystérieuses et pleines de majesté où la philosophie de la nature s'enferme dans son secret et attend, Isis voilée et muette, les questions anxieuses de l'homme, auxquelles elles s'obstine à ne vouloir pas répondre.

De même que la volonté, d'après le témoignage de l'expérience personnelle, est l'essence intime de l'être humain et apparaît visible dans le corps, il nous faut voir d'une façon générale, dans les phénomènes naturels, des objectivations de cette volonté. Schopenhauer en distingue de diverses et les assimile aux Idées de Platon. Ces différents degrés d'objectivation doivent se comporter à l'égard des choses isolées comme leurs formes éternelles ou leurs modèles. Ils ne connaissent ni l'espace ni le temps et n'obéissent à aucun changement.

Le plus bas degré d'objectivation de la volonté s'offre à nous dans les forces naturelles les plus générales, qui en partie s'affirment dans chaque matière sans exception, comme la pesanteur, l'impénétrabilité, etc., et en partie se sont mélangées avec la matière existante, de sorte que les unes dominent telle matière, les autres telle autre, comme la rigidité, la fluidité, l'élasticité, l'électricité, le magnétisme. Schopenhauer insiste sur ce point que ces forces, en tant que manifestations indirectes de la volonté, n'ont pas de « fondement » ; seuls leurs phénomènes isolés sont soumis au principe de la raison suffisante. Il est donc déraisonnable de chercher une cause à la pesanteur, à l'électricité ; car ce sont des forces primordiales dont les manifestations s'effectuent, il est vrai, en vertu d'une cause et d'un effet, de sorte que chacun de leurs phénomènes isolés a une cause : celle-ci, à son tour, est un phénomène isolé semblable, et donne la conviction que cette force devait se manifester ici dans le temps et dans l'espace : mais cette force même n'est nullement l'effet d'une cause ni la cause d'un effet. Il est donc déraisonnable de dire : « La pesanteur est cause de la chute de la pierre ». Il n'y a pas une *plus petite* partie de volonté dans la pierre, une *plus grande* dans l'homme ; car le rapport entre la partie et le tout appartient exclusivement à l'espace et n'a plus aucun sens dès que l'on procède par cette forme d'intuition. La raison pour laquelle la science de la nature est impuissante à expliquer le monde, c'est qu'elle est forcée d'expliquer les phénomènes par quelque chose qui est encore plus inconnu qu'eux : par des forces naturelles et des lois naturelles. La science de la nature résout cette tâche difficile, en ramenant les phénomènes à des *inconnues* qu'elle ne peut en aucune façon éliminer elle-même. Ces inconnues insolubles dans le problème des sciences naturelles, sont les forces que nous avons énumérées plus haut. Le monde de la science de la nature est ainsi comparable à un labyrinthe : chaînes causales sans fin ni commencement, forces fondamentales impénétrables, espace infini, temps sans point de départ, divisibilité à perte de vue de la matière. Impossible donc d'y faire quelques pas sans s'y égarer, lorsqu'on n'en tient pas le fil. Celui-ci nous est livré par l'expérience intérieure. Il faut en effet songer que le monde tout entier est conditionné par un cerveau connaissant, dans lequel tout cela existe seul et sans lequel tout disparait comme un rêve. La science de la nature la plus parfaite nous achemine donc vers le problème, mais nous l'expose purement, sans faire elle-même un seul pas au delà de ce qui nous est donné par les sens. S'imaginer que les creusets et les cornues soient l'unique et véritable source de la sagesse, c'est donc oublier la question préliminaire à toute science : les formes subjectives d'intuition et les éléments objectifs s'entrelaçant dans l'image du monde qui s'offre à nous, il faut nous demander ce qu'est la chose en soi et comment elle se comporte à l'égard du phénomène subjectivement conditionné. Il n'y a qu'un moyen de répondre à cette question : c'est que le regard du chercheur se tourne à l'intérieur. C'est au dedans de lui que l'homme porte la solution des ultimes problèmes mystérieux de la nature, ce n'est qu'au dedans de lui qu'il peut espérer trouver la clef de l'énigme du monde. Malgré cela, il reste ici plus d'une question sans réponse et d'un problème sans solution. Quelque flambeau que nous allumions et quelque espace qu'il puisse éclairer, notre horizon ne cessera jamais d'être environné d'une nuit profonde. La solution véritable de l'énigme du monde doit donc être une chose que l'intellect humain est complètement incapable de saisir, de sorte que, si un être d'espèce supérieure descendait vers nous pour se donner la peine de nous la révéler, nous ne comprendrions nullement ce qu'il veut nous dire.

Telles sont, condensées et synthétisées, quelques-unes des idées principales qui apparaissent à la base de la philosophie de la nature telle que la conçoit Schopenhauer. Ce n'est pas à nous de certifier leur vérité plus ou moins contestable. Ces idées sont en tout cas la conséquence naturelle de la théorie de la connaissance propre à notre philosophe, en vertu de laquelle le principe de la raison suffisante ne domine que les objets de représentation ordinaire des phénomènes. Les forces naturelles s'élèvent déjà, comme manifestation de la volonté, au-dessus de cette sphère inférieure. Quoi qu'il en soit, Schopenhauer s'est efforcé de tracer une délimitation de frontière entre la philosophie et la science de la nature, et cela était tellement nécessaire, à ce moment même, que tous ceux de ses successeurs qui comptent quelque peu n'ont pas manqué de marcher sur ses traces. Sans doute, des savants philosophes comme Hæckel sont là pour attester qu'en dépit de tous les efforts, l'homme ne possède pas encore de clarté bien vive sur son origine et les principes fondamentaux de son existence. Cela n'empêche pas Schopenhauer d'avoir fait faire un grand pas à la question. Il l'a prise par son côté le plus élevé, l'envisageant dans toute sa grandeur, et y portant l'ardeur combative qu'il déploie en héros de l'Idée dans tous les sujets qui lui tiennent particulièrement à cœur. Il faut l'entendre, ici, fulminer contre les « savantasses » qui, étrangers à toute idée générale et bornés au champ de leur physique ou de leur chimie, philosophent, « avec les riches moyens intellectuels qui leur sont propres », sur la base de leur catéchisme. Ils ont leur part, avec les prêtres et « calotins » de tous les pays, pasteurs allemands comme *clergymen* anglais, en leur qualité d'obscurantistes, et avec les professeurs de la « philosophie du pain et du beurre », c'est-à-dire de la philosophie officielle pratiquée avant tout en vue de vivre, aussi empiriquement que tout autre métier, ils ont leur part, disons-nous, du tonneau d'invectives que notre philosophe déverse, avec une libéralité un peu surabondante, sur tous ceux qui ont la malchance de se trouver sur son chemin, quand il ne voudrait pas les y rencontrer.

On ira chercher dans *Le monde comme volonté et comme représentation* et dans *La volonté dans la nature* toutes les idées afférentes aux grandes questions soulevées ici. Pour nous, il faut nous en tenir aux limites prescrites par les pages de ce nouveau petit volume, c'est-à-dire descendre le plus vite possible des idées générales aux sciences particulières, qui font surtout l'objet des « additions » et « omissions » consignées ici.

Si la philosophie a pour objet la totalité de l'expérience, chaque science particulière a pour objet une catégorie déterminée d'expériences. Chaque science particulière — la zoologie, la botanique, la physique, la chimie, etc. — a sa philosophie qui consiste dans les plus hauts résultats de cette science, et qui les élabore comme fait chacune des données qui sont de son domaine. Les sciences empiriques peuvent être cultivées pour elles-mêmes et sans aucune tendance philosophique ; c'est une occupation excellente pour des esprits curieux, pour des hommes de loisir désireux de bien employer leur temps, de donner un intérêt à leur vie ; mais elle ne peut suffire aux esprits vraiment philosophiques.

Schopenhauer ramène tout le vaste champ des sciences d'observation à deux parties : la description des formes, qu'il nomme, avec Gœthe, la *morphologie*, et l'explication des changements par leurs causes, qu'il appelle *ætiologie* (de αἰτία, cause). A la première appartiennent la zoologie, l'anatomie, la botanique, et généralement toutes les sciences d'observation ; à la seconde, la mécanique, la physique, la chimie et la physiologie. La première ne nous révèlera d'ailleurs jamais que des formes innombrables, infiniment variées, mais qui ne sont que de pures représentations complètement étrangères, et, pour tout dire, d'indéchiffrables hiéroglyphes. Quant à la seconde, les sciences qui en font partie empruntent des principes à la philosophie, bien loin que la philosophie puisse leur demander le sien ; celle-ci part du point où celles-là s'arrêtent. L'ætiologie, qui doit nous expliquer les effets et les causes, ne consolide pas suffisamment la physique, trop entremêlée de morphologie. Elle atteint à peu près son but en mécanique, mais sans porter très loin : la force par laquelle une pierre tombe à terre nous est aussi inconnue dans son essence que celle qui produit le mouvement ou la croissance d'une plante ou d'un animal. En résumé, l'ætiologie se borne à nous donner une nomenclature de forces inexplicables, sans nous rien révéler de leur essence intime.

On remarquera que notre philosophe ne tient pas compte, dans sa classification des sciences, des mathématiques ; il les effleure en passant, pour conclure, avec Bacon qui sut se passer d'elles, avec Descartes qui les négligea après y avoir excellé et fait des découvertes dans leur domaine, que cette science plus superficielle que profonde et plus apparente que réelle, mérite peu de confiance et ne saurait en aucun cas donner la réalité. Il l'enveloppe dans un dédain analogue à celui que nous lui avons vu professer pour l'histoire, qui, dit-il, ne peut prendre place dans le concert dont la philosophie fait l'unité, parce que, tandis que toutes les sciences ont pour fonction commune de ramener à des lois et à des concepts la multiplicité des phénomènes, l'histoire manque du caractère fondamental de la science : la subordination des faits et des choses ; elle ne peut les présenter que sous la forme d'une coordination. Pour cette raison, l'histoire ne peut donc jouer sa partie dans le concert philosophique[1].

Schopenhauer exclut également de sa classification la physiologie rationnelle et la théologie rationnelle. Suivant en cela la démonstration de Kant, à savoir que l'âme est une hypostase transcendante, il ne croit pas devoir l'admettre comme facteur dans sa constitution des sciences métaphysiques. Il laisse aux hégéliens et aux philistins, dit-il, cette hypothèse de l'âme qui n'est ni démontrée ni justifiée. Persuadé que l'être véritable de l'homme ne peut se concevoir que dans l'ensemble du monde, que le *macrocosme* et le *microcosme* s'expliquent l'un par l'autre et sont même identiques, il se refuse à faire de l'âme une science particulière. La seule concession que peut-être il lui accorderait, ce serait de la remplacer par l'anthropologie, comprise comme une science expérimentale, qui s'appuie sur l'anatomie et la physiologie, et se fonde sur l'observation des manifestations morales et intellectuelles, ainsi que sur l'étude des propriétés de l'espèce humaine et de ses différences individuelles.

En ce qui concerne la théologie rationnelle, Schopenhauer répète, avec Kant, que l'idée de Dieu n'est pas innée, que le théisme est un résultat de l'éducation, et que si l'on ne parlait jamais de Dieu à un enfant, celui-ci ne le découvrirait pas lui-même, et n'en saurait jamais rien. L'idée de Dieu fût-elle d'ailleurs innée, qu'elle ne serait pour l'homme d'aucun profit. Elle serait en tout cas une forme *à priori*, entièrement subjective, comme le temps, l'espace, la causa-

1. Voir notre Préface de *Philosophie et philosophes*, pp. 21-22.

lité, qui n'établirait en rien l'existence *réelle* d'un Dieu[1]. Ce qui infirme à jamais toute théologie rationnelle, c'est que la base secrète de toutes ses démonstrations, — le principe de causalité ou de raison suffisante, — valable dans l'ordre des phénomènes, n'a plus de sens dès qu'on en sort. « La philosophie — répète Schopenhauer insistant sur son idée-maîtresse — est essentiellement la connaissance du monde ; son problème est le monde ; c'est uniquement de lui qu'elle s'occupe, et elle laisse les dieux en repos, en espérant qu'ils feront de même à son égard ». Pas plus que Laplace pour son système cosmogonique, Schopenhauer n'a eu besoin, pour son système philosophique, de cette *hypothèse* d'un Dieu.

Ces grandes idées générales occupent peu de place dans les pages que nous présentons aujourd'hui au lecteur ; c'est tout au plus si l'auteur les rappelle çà et là en passant et un peu à bâtons rompus, pour les raccorder à ses données complémentaires ou rectificatives sur chaque science prise en particulier et examinée jusque dans ses détails et parfois même ses infiniment petits. Qu'il s'agisse de l'astronomie, de la physique (particulièrement du son et de la lumière), de la géologie, des plantes et des insectes, de l'origine des espèces, Schopenhauer projette une clarté nette et vive sur chaque point qu'il aborde. S'il est un puissant philosophe, c'est qu'il est en même temps et au préalable un véritable savant, un linguiste sérieux, un fin et subtil connaisseur des arts, un homme, en un mot, que son universalité de savoir pouvait seule rendre apte à créer un système de l'envergure du sien. Démontrées ou contestables, suivant les cas, ses affirmations sont d'ordinaire lumineuses et suggestives. Voyez, par exemple, dans ce volume, ses considérations rapides sur l'origine des espèces. Il procède par avance à la façon de Darwin et emploie une méthode analogue à la sienne : des faits, encore des faits, toujours des faits, mais des faits *réels*, et leur loi dégagée de la comparaison d'eux-mêmes, pour être à son tour traitée comme un fait. C'est la méthode qui a maintenu solidement les sciences et la philosophie sur le terrain de l'observation,

1. Voir sa thèse sur *La quadruple racine du principe de la raison suffisante*, § 32-33.

comme il l'a dit lui-même assez longtemps avant l'auteur de l'*Origine des espèces*, dont il est un précurseur incontestable[1].

Les assertions plus ou moins neuves peut-être, mais faites en tout cas pour piquer l'intérêt, se rencontrent fréquemment dans ces pages. C'est ainsi que l'auteur prétend que les premiers hommes ont été noirs, et que l'Adam de la Bible avait la peau de cette couleur. Jéhovah l'ayant créé à sa propre image, les artistes doivent représenter également ce dernier comme noir. Les plus anciennes images de la Madone, ajoute-t-il, font son visage de couleur noire, de même que celui de l'Enfant-Jésus, et cela est vrai dans beaucoup de cas. Nous ne sommes pas allé y voir en Orient, mais il est certain que les églises d'Italie et d'Espagne renferment un assez grand nombre de Madones-négresses. Et en France même, n'avons-nous pas la Vierge noire de la cathédrale de Chartres, celle de la chapelle de Verdelais, et celle de Notre-Dame de Paris, pour ne citer que ces trois là ? On en trouverait chez nous bien d'autres. Quelque savant ethnologue a d'ailleurs dû déjà dire, ou dira bien un de ces jours, si cette assertion de Schopenhauer sur la couleur noire de l'homme primitif est ou non fondée.

Ces petites curiosités scientifiques sont entremêlées de constatations et de conseils pratiques qui révéleraient surabondamment aux lecteurs, si, par hasard, ils l'ignoraient, que Schopenhauer n'apportait absolument rien, dans sa conception de la vie et dans ses relations avec les hommes, de la naïveté qui faisait choir l'astrologue au fond d'un puits. S'il savait lire au-dessus de sa tête, il voyait aussi très clair à ses pieds. En un mot, il ne se faisait pas illusion sur ce qu'il pouvait attendre de ses « semblables », sur l'amour des hommes les uns envers les autres, et il avait compris de très bonne heure, entre beaucoup d'autres choses, que le Dieu le plus puissant de ce bas monde, le plus chaudement imploré, le plus fanatiquement adoré, celui auquel vont presque tous les hommages, c'est le « dieu dollar ». Il se faisait de son « frère en Adam », tel qu'il se rencontre trop habituellement,

1. Voir l'étude de Hans Herrig : *Schopenhauer et Darwin*.

l'idée que s'en faisait vers la même époque le spirituel humoriste viennois Saphir : « un être qui de l'un de ses pieds fait la révérence aux grands, et de l'autre écrase les petits ; qui de l'une de ses mains cherche à vider les poches de son voisin, et de l'autre à remplir les siennes ». Aussi se défendait-il du bec et des ongles contre les aigrefins qui, en le menaçant dans sa fortune, le menaçaient en même temps dans son indépendance et la tranquillité de sa vie ; sous ce rapport il ressemblait étonnamment à Voltaire. Nous avons raconté, dans la Préface de *Philosophie et philosophes*, comment, en danger de perdre 9.400 thalers (35.270 francs) qu'il avait placés dans la maison Abraham Muhl, de Dantzig, il prévenait ses banquiers qu' « on peut être un philosophe, sans être pour cela un imbécile », leur montrait en perspective les tribunaux auxquels il demanderait justice, et, grâce à son obstination et à son énergie, finissait par récupérer ses fonds, capital et intérêts. Quiétiste amoureux avant tout de son repos, qui lui était indispensable pour mener à bien sa grande tâche, il s'efforçait de le protéger, même au point de vue matériel, jusque dans les petites choses. C'est ainsi qu'on l'entendra, dans un chapitre sur le bruit et le vacarme, qui fera partie du huitième et dernier volume de notre série, s'élever véhémentement contre les rustres qui assourdissent la rue de leurs jurons et de leurs coups de fouet, contre les gens sans éducation ni délicatesse qui laissent de gaieté de cœur leurs chiens troubler par leurs aboiements ou leurs gémissements la tranquillité de leurs voisins. Être ainsi la victime de charretiers ou de petites gens dont l'intellect n'est guère d'ordre supérieur, c'est d'ailleurs là, il faut le reconnaître, une torture réelle pour un homme d'étude et de réflexion, ne fût-il pas Schopenhauer.

Ce dernier met donc au service des autres, moins par sympathie, probablement, que pour faire jusqu'au bout son métier de philosophe, son expérience personnelle, et leur prêche les doctrines applicables au bon gouvernement de l'existence. L'une d'elles, pour ne citer que celle-là, se rapporte à la science médicale. Schopenhauer prétend que, dans la plupart des maux qui sont notre partage, l'intervention du médecin est inutile, car les guérisons sont en général uniquement l'œuvre de la nature ; mais « le médecin présente sa note, même quand elles ne se sont produites qu'en dépit de ses efforts ». Et il conclut par cet avis, qui mériterait peut-être d'être inscrit dans beaucoup de maisons en grandes lettres d'or : « Peu de médecin, peu de médecine ».

Observateur incisif selon la formule de La Bruyère, railleur au rire diabolique à la façon de Voltaire, notre philosophe n'a pas manqué de rencontrer sur son chemin, comme chacun de nous, de ces êtres ridicules qui, sans cesse dressés sur leurs ergots, pointent leur nez bien en avant, cherchent à fixer sur eux l'attention par la solennité de leur démarche, la raideur de leur attitude, l'élégance plus ou moins fraîche de leur costume, les prétentions de leur conversation et de leur mentalité, et constituent ce que la langue française appelle des « poseurs ». Ce sont le plus souvent des petits messieurs qui, sans études, la cervelle vide, s'efforcent, au sortir du magasin, du bureau ou du cabinet où ils ont été encagés la meilleure partie de la journée, de remettre en valeur tous leurs avantages, et d'impressionner les passants et les voisins par le charme qui s'exhale, selon eux, de toute leur personne, — fussent-ils les plus laids spécimens de l'espèce humaine. Cette « pose », Schopenhauer la juge ici scientifiquement : « Il y a réellement une certaine manière hautaine de porter la tête, en tenant la colonne vertébrale très droite, que, sans réflexion ni information préalable, nous tenons aussitôt pour une marque physionomique d'imbécillité ; vraisemblablement parce qu'elle résulte de ce que la moitié postérieure du cerveau fait réellement équilibre à la moitié antérieure, si elle ne la dépasse pas ». Et les têtes des gens de cette espèce ont beau être grosses, affirme-t-il, les os durs et massifs du crâne n'en laissent pas moins très peu de place pour le cerveau, — ce qui rend la conclusion facile sur la vaste portée de leur intellect. Bon nombre de petites dames, nous n'avons pas besoin de l'ajouter, tombent également sous ce verdict. Fille de gardeuse d'oies ou de laveuse de vaisselle, quand elle n'a pas exercé elle-même l'une de ces professions, la femme qui « parvient » a une tendance prononcée à s'en faire singulièrement accroire et à s'imaginer que les autres ne sont pas dignes de dénouer ses jarretelles. Quoique nullement obligé à la galanterie, en sa qualité de philosophe avant tout objectif, Schopenhauer ne fait pas comparaître ici le « sexe » à sa barre. Cependant, marquons-le, quand deux types de cette espèce, le « poseur » et la « poseuse », unissent en légitime mariage leurs nobles destinées, le spectacle qu'ils offrent dans les rapports mondains devient tout à fait désopilant.

Les morceaux qui suivent sur « la philosophie et sa méthode », la « logique » et la « dialectique », la « physionomie », quoique moins étendus et moins importants que le premier, sont également d'une lecture piquante et instructive. A propos de la « dialectique », l'auteur donne à celui qui sait le sage conseil de ne jamais discuter avec un ignorant, car il ne peut employer contre lui ses meilleurs arguments, celui-ci étant dépourvu des connaissances nécessaires pour les comprendre et les peser. On pourra faire aussi son profit de l'énumération des déloyautés éristiques, ou stratagèmes employés dans la discussion par les argumentateurs de mauvaise foi, et des moyens sérieux de défense à leur opposer. Les pages sur la « physionomie » méritent une attention particulière; peut-être un peu paradoxales, elles renferment en tout cas des aperçus profonds et des plus suggestifs. Chacun de nous, dit le philosophe, part tacitement du principe qu'un homme *est* ce qu'il *paraît*: en conséquence, chaque individu vaut la peine d'être observé, s'il ne vaut pas la peine qu'on cause avec lui; et de là s'ensuit une brillante variation sur ce thème fécond en aperçus et prêtant à la saillie épigrammatique.

Les quelques pages sur la « théorie des couleurs » constituent en quelque sorte le résumé d'un épisode scientifique intéressant de la première moitié du XIXe siècle, et, à ce titre, nous croyons devoir nous y arrêter un moment.

En 1810, Gœthe avait publié en deux gros volumes son *Traité des couleurs*, auquel il travaillait depuis une quinzaine d'années. La couleur est une des plus curieuses manifestations de la vie dans la nature, et la recherche de son problème ne pouvait guère rester étrangère à l'esprit encyclopédique du grand Allemand. Il marchait ainsi sur les traces de tant de savants, depuis Aristote jusqu'à ses contemporains immédiats. Cette préoccupation s'était emparée de lui un jour que, regardant par hasard à travers un prisme, il fut bien étonné, au lieu de voir apparaître tous les objets colorés, comme il s'y attendait en vertu de la théorie de Newton, de constater que la paroi blanche vue à travers le prisme était aussi blanche qu'auparavant. Il reconnut alors « à l'instant même » qu'une limite est la condition nécessaire pour la manifestation des couleurs, et fut convaincu « comme par instinct » que la théorie de Newton était fausse. On connait celle-ci, qui subsiste d'ailleurs dans ses points principaux. La lumière n'est pas une, elle est multiple. Elle se compose de rayons diversement réfrangibles, et qui, selon leur degré de réfrangibilité, constituent la gamme des couleurs. Les rayons colorés se propagent par des oscillations de longueur et de vitesse différentes. Son observation faite, Gœthe crut avoir renversé dès lors l'autorité de l'illustre Anglais, et s'entêta dans l'idée assez malencontreuse de fonder une doctrine personnelle de la couleur sur les débris de la sienne. S'il avait pris la peine de réfléchir un instant, s'il s'était souvenu des éléments de sa physique du temps où il était écolier, il se serait facilement expliqué pourquoi, vue à travers le prisme, la paroi blanche de la chambre et le ciel grisâtre ne devaient produire aucun spectre, puisque, par suite de la superposition des spectres partiels, la couleur blanche était reconstituée. Mais, aveuglé par le secret orgueil de créer une théorie nouvelle et de s'établir aussi en maître sur ce nouveau terrain, il avait oublié jusqu'aux notions les plus élémentaires de la science. Soit qu'il n'aperçût pas, soit qu'il ne voulût pas apercevoir la pierre d'achoppement à laquelle il s'était heurté dès son premier pas, le poète persista malgré tout dans son idée première et gâcha, à la développer, un assez grand nombre de ses plus belles années. Pendant tout ce temps il se creva en quelque sorte les yeux pour ne pas voir, ce qui était pourtant ici le point essentiel. On a beau être un homme de génie, on a toujours son côté faible, et l'on prend ici Gœthe en flagrant délit sur ce point. L'histoire du violon d'Ingres est d'une vérité éternelle. La première éducation scientifique de l'auteur de *Faust* ayant été fort incomplète, il l'avoue lui-même à la fin de son *Traité*, rien n'était plus simple que de faire contrôler par un spécialiste ses recherches initiales. Mais, en poète qu'il était avant tout, il dédaignait au fond l'appareil scientifique, et pensait avec une superbe un peu excessive que « la nature n'a pas de secret qu'elle ne révèle pleinement à l'observateur attentif[1] ». C'est d'ailleurs avant tout une idée d'artiste bien plus que de savant, il faut le rappeler ici, qui sert de base à la théorie de Gœthe. Pendant son séjour à Rome, il fréquenta beaucoup les peintres tant italiens qu'allemands (ces derniers y formaient une véritable colonie), les regarda composer et peindre, et chercha à se rendre compte de leurs procédés. Il remarqua que, pour tout ce qui concernait l'invention, le groupement des figures, la disposition des plans, leurs idées étaient très nettes; mais, pour la distribution des couleurs, ils suivaient leur propre impulsion et « tournaient confusément dans un cercle bizarre ». Il entendait souvent parler d'un coloris chaud ou froid, de couleurs qui se font ressortir l'une par l'autre, et d'autres choses semblables; mais, en tout cela, on tournait toujours dans le même cercle, sans jamais pénétrer le sujet et le considérer à un point de vue général. Alors, ajoute-t-il, « pour donner quelque intérêt à une matière rebattue, j'eus recours au paradoxe... Je résolus de reprendre sur les couleurs des études auxquelles je n'étais pas resté étranger, à l'époque même de mon voyage en Italie; je désirais surtout savoir comment, au point de vue naturel, il fallait envisager les couleurs en tant que phénomènes physiques, si l'on voulait tirer de cette connaissance quelques applications utiles aux beaux-arts »; et, partant de là, il se consacra avec un zèle infatigable à l'étude de cette question.

Le désir qu'avait le grand poète d'attacher aussi son nom à la théorie *vraie* et définitive de la couleur, est chez lui si ardent et l'entraîne si loin, qu'il va jusqu'à le faire sortir de son calme habituel de Jupiter Olympien, et l'incite contre Newton à des jugements aussi injustes que virulents. « Le

1. *Annales* (*Tag-und Jahres-Hefte*), année 1790.

livre de Newton, ose-t-il dire, est un micmac de choux et de raves; il causera autant d'aversion aux gens bien élevés, qu'il m'en a inspiré quand je l'ai feuilleté ». Ce n'est pas en de pareils termes qu'on parle d'une des œuvres les plus considérables du génie humain. En dépit de tous les efforts de Gœthe et de sa confiance dans le succès, sa théorie des couleurs fut mal accueillie en Allemagne et en France. Il avait adressé son livre à notre Académie des sciences, et pressé M. Reinhard, un Wurtembergeois qui était alors ministre de France en Westphalie, en attendant qu'il devînt pair de France et membre de l'Institut, et que Gœthe connaissait de vieille date, de faire d'instantes démarches pour obtenir un rapport. Ce rapport fut refusé. Hassenfratz, l'ancien membre de la Commune révolutionnaire, qui avait depuis longtemps fait amende honorable de son jacobinisme et appartenait à l'Institut, garda le silence ; Cuvier déclara dédaigneusement qu'un tel travail n'était pas fait pour occuper l'Académie, et Delambre répondit aux sollicitations : « Des observations, des expériences, et surtout ne commençons pas par attaquer Newton ». Bref, alors qu'il se flattait d'innover, Gœthe retournait simplement à d'anciens aperçus déjà condamnés comme insuffisants ou erronés par une expérimentation rigoureuse, et auxquels, malgré toute leur déférence envers leur grand contemporain, les physiciens de l'époque ne pouvaient donner leur assentiment. Son *Traité des couleurs* n'existe donc pas en tant qu'ensemble ; sa doctrine n'a pu s'introduire dans la science, n'étant pas scientifique ; c'est une œuvre d'amateur ; ce qui en subsiste, c'est la partie psychologique et morale. « Ce qu'il dit de l'influence du caractère, de l'âge, du sexe, du climat sur le sens des couleurs, et, réciproquement, de l'influence des couleurs sur les mouvements de l'âme, des impressions de joie ou de tristesse qu'elles excitent en nous, des teintes qui s'harmonisent ou qui se heurtent, soit dans l'agencement d'un tableau, soit dans la décoration d'un appartement, tout cela est d'un poète philosophe, habitué de longue date à interpréter la nature, et à trouver un sens caché au moindre comme au plus grand de ses phénomènes. La doctrine de Gœthe est une sorte de symbolisme des couleurs, et, à ce titre, elle offre souvent un commentaire curieux de ses ouvrages littéraires [1] ». La dernière partie, l'histoire de la théorie des couleurs, offre également le plus vif intérêt. Le sujet n'exigeant plus ni la science du calcul ni la précision des expériences, l'auteur s'y sent vraiment à l'aise et y développe tout l'éclat de son style comme toute la solidité de sa pensée. De Pythagore et Aristote jusqu'à Voltaire et Franklin, c'est-à-dire au cours de l'antiquité, du moyen âge et des temps modernes, il n'oublie pas un nom de la vaste nomenclature des hommes qui ont fait de la théorie des couleurs l'objet de leurs recherches. C'est le docteur anglais Robert Blair qui clôt la liste, en 1794. De nos jours elle se prolongerait jusqu'à Jean-Frédéric Herschel, Dove, Moigno et Helmholtz. Il est piquant de relever que Gœthe, qui se pose en adversaire acharné de Newton, n'est pas avare d'éloges envers Marat. On sait que le futur « ami du peuple », avant de jouer son rôle d'énergumène révolutionnaire, s'était paisiblement consacré à la science, et spécialement à des recherches sur le feu, la lumière et les couleurs ; il s'était cru autorisé à contredire les principes jusqu'alors admis sur la foi du mathématicien anglais. Gœthe applaudit aux travaux de Marat, sans faire la moindre allusion à sa vie politique, et profite de l'occasion pour signaler au public le despotisme jaloux des corps savants. « On peut penser, dit-il, quelle mince faveur les efforts de Marat trouvèrent auprès des hommes de science, et surtout de l'Académie. Il s'éloignait trop décidément de la route battue, de la doctrine traditionnelle... Le rapport des commissaires doit être regardé comme un modèle des grimaces du mauvais vouloir, lorsqu'il s'agit d'écarter à tout le moins une chose qu'il n'est pas possible de contredire complètement. Pour notre part, nous croyons que Marat a traité avec beaucoup de perspicacité et d'exactitude le point très délicat de la doctrine des couleurs, relatif à la réfraction et à l'inflexion... Je puis d'autant mieux juger son travail, que, sans le connaître, je me suis jadis rencontré avec lui. Ni la conscience ni l'exactitude ne font défaut à cet observateur calme et patient [2] ».

1. A. Bossert, *Schopenhauer*, p. 69.

2. Les travaux de Gœthe relatifs aux couleurs forment les deux

Si la théorie de Gœthe rencontra en Allemagne bon nombre de contradicteurs, elle y trouva aussi quelques partisans. Les deux principaux sont Hegel, qui qualifie les vues de Newton sur les couleurs d' « absurdité » et d' « erreur énorme », et Schopenhauer.

Durant le séjour de celui-ci à Weimar, dans l'hiver de 1813 à 1814, Gœthe chercha à l'intéresser et à le rallier à ses idées. « Le docteur Schopenhauer, a-t-il écrit, se rangea de mon côté en ami bienveillant. Nous agitions beaucoup de questions sur lesquelles nous tombions d'accord. Cependant nous ne pûmes éviter à la fin une légère rupture, comme il arrive à deux amis qui ont marché en se donnant la main, mais dont l'un veut se diriger vers le Nord, tandis que l'autre tend vers le Midi ; alors ils se perdent très rapidement de vue[1] ». Ces quelques lignes ouvrent un jour très intéressant sur le caractère de Gœthe. Ainsi, presque dès le début de leur liaison et de leurs communes études, il y eut un refroidissement assez marqué entre le maître et le disciple. En voici la raison : Schopenhauer, retiré à Dresde, avait composé, sur l'invitation de Gœthe, un traité *Sur la vision et les couleurs*, qu'il avait eu soin de lui soumettre en manuscrit, et qu'il publia en 1816[2] ; il s'y montrait partisan convaincu de ses idées, ne s'en écartant que sur *un seul* point : la production de la couleur blanche, à laquelle Gœthe avait assigné une origine fausse, et il contredisait quelque peu le maître à ce sujet. Gœthe-Faust, qui s'était imaginé trouver dans le jeune Schopenhauer un autre *famulus* Wagner abso-

derniers volumes et demi (t. XXXVIII, XXXIX et XL) de la collection de ses *Œuvres complètes* publiée à Stuttgart sous la direction de Joseph Kurschner, et qui est sans aucun doute la meilleure qui existe jusqu'à présent ; ils renferment de sérieuses introductions et des notes abondantes dues à Rudolf Steiner. On consultera aussi avec fruit le volume qu'Ernest Faivre, en son vivant professeur à la Faculté des sciences de Lyon, a consacré aux *Œuvres scientifiques de Gœthe*.

1. *Annales*, année 1816.

2. Ce travail, traduit en latin par l'auteur lui-même et inséré, en 1830, sous le titre de *Theoria colorum physiologica, eademque primaria*, dans les *Scriptores ophthalmologici minores* de Justus Radius, eut en 1854 une édition nouvelle, revue et augmentée.

lument soumis et respectueux, s'irrita de la légère liberté qu'avait prise à son égard celui qu'il tenait pour un disciple, alors qu'il était déjà un maître, puisqu'il portait depuis longtemps dans la tête son *Monde comme volonté et comme représentation*, qui devait paraître deux ans plus tard. Gœthe lui écrivait donc, le 28 janvier 1816 : « J'ai vu trop clairement que les hommes peuvent être absolument d'accord sur les objets et leurs phénomènes, mais qu'ils ne s'entendront jamais sur leur sens, leur origine, leur interprétation ; et même les hommes qui sont unis sur leurs principes, car le passage à l'application les sépare bien vite de nouveau ; et j'ai vu en même temps trop clairement que nous nous efforcerions en vain tous deux de nous entendre l'un l'autre ». A part cette profession de foi de tournure philosophique, après tout, la lettre est d'ailleurs assez amicale, et le poète demande au jeune savant de le tenir « de temps en temps » au courant de ses occupations, et l'assure de sa sympathie constante[1]. Mais, au fond de lui-même, il ressentait une blessure assez cuisante qu'il ne parvenait pas à dissimuler. Il écrivait à l'un de ses approbateurs, le conseiller d'État Schultz, de Berlin, le 19 juillet 1816 : « Le docteur Schopenhauer est une tête remarquable, et c'est moi-même qui lui ai fourni l'occasion d'adopter ma théorie des couleurs. Et maintenant voilà que ce jeune homme, parti de mon point de vue, est, comme vous jugez très bien la chose, devenu mon adversaire[2] ». Gœthe n'admit jamais la moindre contradiction ni n'entendit raison sur ce sujet qui lui était si cher. Le fidèle Eckermann, qui a recueilli ses entretiens pendant les dix dernières années de sa vie, nous fait assister, à la date du 19 février 1829, c'est-à-dire trois ans avant sa mort, à une scène caractéristique. Le maître lui ayant demandé un résumé écrit de son *Traité des couleurs*, Eckermann releva dans celui-ci, au cours de sa besogne, une légère erreur. Il la soumit doucement à l'illustre vieillard, dont le visage serein et calme s'assombrit soudain. « Il se passe pour ma théorie des couleurs, dit-il, ce qui s'est passé pour la

1. W. Gwinner, *Schopenhauer's Leben*, p. 151.
2. Ed. Grisebach, *Schopenhauer*, p. 107.

religion chrétienne. On croit quelque temps avoir des disciples fidèles, et, avant que l'on y ait pris garde, ils se séparent de vous et forment une secte. Vous êtes aussi un hérétique comme les autres, car vous n'êtes pas le premier qui m'ait abandonné. Je me suis séparé des hommes les meilleurs pour des divergences sur quelques points de ma théorie ». Et il cita à Eckermann, qui ne les rapporte pas, « des noms très connus », parmi lesquels, évidemment, celui de Schopenhauer. « Je n'attache aucune importance à tout ce que j'ai produit comme poète, répétait-il souvent. D'excellents poètes ont vécu en même temps que moi, de plus grands que moi ont vécu avant moi, et il y en aura de pareils après moi. Mais que j'aie été dans mon siècle le seul qui sache la vérité au sujet de la science difficile de la théorie des couleurs, voilà ce dont je m'enorgueillis et qui me donne le sentiment de ma supériorité sur un grand nombre d'hommes[1] ».

On trouve enfin, dans les *Maximes* de Gœthe, cette curieuse affirmation : « Pour faire époque dans le monde, deux choses sont nécessaires : une bonne tête et un grand héritage. Napoléon a hérité de la Révolution française, Pierre le Grand de la guerre de Silésie, Luther de l'ignorance du clergé ; pour moi, j'ai hérité de l'erreur de la théorie de Newton ».

Pitoyable faiblesse de l'esprit humain, est-on en droit de répéter avec les sceptiques, quand on le voit ainsi chanceler chez un géant intellectuel tel que Gœthe ! Étonnez-vous, après un tel exemple, des jugements si contradictoires des hommes, puisque les plus grands parmi eux peuvent prendre si complètement le change sur leur propre génie. Et quand, dans son irritation contre la plus légère et la plus respectueuse critique, Gœthe se laisse emporter jusqu'à une sorte de haine plus ou moins dissimulée, cela devient tout à fait édifiant. Une leçon d'une utilité pratique se dégage de ceci. Puisqu'un homme de l'envergure de Gœthe n'a pu échapper, pour sa part, aux petites défectuosités qui sont le lot de notre pauvre nature humaine, ne nous montrons pas, tous tant que nous sommes, trop exigeants ni trop susceptibles dans nos rapports avec les autres. Laissons les goujats, les pédants et les

1. *Conversations de Gœthe*, date indiquée.

imbéciles suivre leur pente naturelle et faire leur métier, sans nous préoccuper d'eux, et ne commençons à leur riposter que lorsqu'ils jettent dans notre jardin des pierres vraiment trop grosses ; seulement alors renvoyons-leur des pierres plus grosses encore. Jusque-là observons à leur égard le conseil que donne, en enfer, Virgile à Dante, quand celui-ci veut s'arrêter devant certains damnés : « *Non ragionamo di loro, ma guarda e passa* ».

Un écrivain allemand reproche à Gœthe de ne s'être pas comporté à l'égard de Schopenhauer comme il l'aurait dû. Il lui aurait été facile d'attirer ne fût-ce que par un compte rendu, comme il en a tant publié, l'attention du public allemand sur *Le monde comme volonté et comme représentation*, et, tout en faisant ses restrictions sur le philosophe, s'il n'avait pas partagé toutes ses idées, de mettre au moins en relief les mérites du grand écrivain. Mais il se tut et ne fit jamais rien en ce sens pour lui [1]. Leur correspondance honore plus le jeune philosophe que le poète vieilli. Ce qui est certain, c'est que Schopenhauer resta jusqu'à son dernier jour inébranlablement attaché au souvenir de Gœthe et l'un des hérauts les plus enthousiastes de la gloire du grand homme. Les pages sur la théorie des couleurs, traduites ici, en sont un témoignage qu'il convient d'ajouter à tant d'autres.

Pour en terminer avec cette histoire des couleurs, nous dirons que Schopenhauer n'attaque pas la théorie de Newton, travail de démolition dont Gœthe s'était chargé, pas plus qu'il n'entend justifier la théorie de ce dernier, qu'il admettait de prime abord comme évidente. Il veut simplement compléter l'œuvre de celui-ci, faire un pas de plus dans l'explication du phénomène, transformer, en un mot, le fait objectif en fait subjectif. Quoi qu'il en soit, son système est presque aussi hypothétique que celui de Gœthe ; la base en est seulement transportée du monde extérieur dans l'œil. Plus fort peut-être que Gœthe en sciences physiques et naturelles, Schopenhauer n'a été ici, à son exemple, qu'un amateur. C'est tout ce que nous dirons à ce sujet, n'ayant pas à entrer à cette place dans le fond de la question ; nous vou-

1. P. J. Mœbius, *Uber Schopenhauer*, p. 52.

lions simplement en montrer le côté anecdotique et psychologique. Celui-ci est amusant, suggestif, et il est toujours intéressant de voir s'agiter sur la scène des personnages tels que les deux hommes que nous venons d'y voir passer.

Telle est la matière de ce nouveau volume des *Parerga et Paralipomena*, « ouvrage que tout homme cultivé devrait connaître », a dit l'un des plus récents et des plus originaux historiens de la littérature allemande, M. Adolf Bartels[1]. Ici comme dans toute son œuvre, les inspirateurs incessants du philosophe, ceux qui le vivifient de leur souffle, ce sont le « divin Platon » et le « merveilleux Kant », ainsi qu'il les dénomme en toute occasion. Ils furent avant tout ses maîtres. Cependant il les avait abordés avec une *idée* déjà formée dans son esprit, en pleine indépendance ; et ayant trouvé qu'ils présentaient seulement les aspects complémentaires de la vérité, dont sa propre philosophie avait pour but de révéler l'identité essentielle, il ne se gêna pas pour leur marquer son opposition, surtout à Kant, dont il diffère surtout en ce qu'il montre un intérêt plus dominant pour la métaphysique et le surnaturel. Il emploie les formes de la pensée kantienne pour situer historiquement ses idées de contraste entre l'apparence et la réalité. Dans Platon il voit avant tout le philosophe mystique qui relégua la réalité dans un monde transcendant, formant l'antithèse des scènes changeantes de l'existence terrestre. Kant et Platon lui servent simplement, en somme, à éclairer son propre esprit ; ils lui fournissent l'échafaudage sur lequel il appuie son système, le canevas qui sert de trame à sa pensée. Quant à leur doctrine en elle-même, à son développement psychologique, il ne s'en soucie guère ; il se contente de leur emprunter des germes fécondants.

Voilà pour le point de départ et pour la forme extérieure ; quant au fond même de la doctrine, à son essence véritable, à son mot définitif, ils apparaissent toujours plus humains et plus grandioses à mesure qu'on les examine de plus près et qu'on s'en pénètre davantage. C'est l'impression que finissent par subir ceux qui, comme nous-même, ont vécu

1. *Geschichte der deutschen Literatur*, t. I. p. 585.

dans une intimité prolongée avec l'auteur du *Monde comme volonté et comme représentation*. Nous ne ferons pas de lui, avec quelques Allemands trop enthousiastes et perdus dans les nuages, un sage de l'Inde, une sorte d'ascète brahmanique ou bouddhique qui s'est résigné à devenir un martyr volontaire de la vie désintéressée; car sa nature plutôt égoïste lui interdisait au contraire de se dévouer effectivement à ses semblables. Mais ce qui est certain, c'est que de bonne heure il a senti douloureusement, au plus profond de son être, l'antagonisme de la chair et de l'esprit, qu'il a reconnu, avec l'Ecclésiaste hébreu et les penseurs de tous les temps, la vanité de la vie et le néant de toutes choses, et constaté qu'il n'y a ici-bas qu'une seule réalité, la mort. Alors il devint triste, à l'exemple du Jacques de *Comme il vous plaira*, dans Shakespeare, dont la mélancolie était faite « de l'essence de trop de choses ». Toutefois, après avoir envisagé froidement les contingences de l'existence humaine, il se releva dans sa force et fit régner désormais en son âme cette sagesse lumineuse qui, ayant perdu jusqu'à la dernière illusion, se transforme en l'idéal le plus enviable : la résignation. Schopenhauer nous enseigne donc à voir la nature et la vie telles qu'elles sont, avec ce qu'elles impliquent de souffrance nécessaire; il nous enseigne que le bonheur terrestre n'existe pas, et, procédant comme les premiers philosophes grecs, Empédocle ou Héraclite, par intuitions artistiques et non par raisonnements, il s'adresse à l'âme tout entière. Ce mot suprême de la sagesse : la résignation, une fois proclamé, il ne nous reste plus qu'à prendre patience jusqu'à la mort, qui, rompant nos liens avec la vie, affranchit en même temps notre volonté, et nous ouvre ainsi la porte de la délivrance. La véritable mort, la mort anticipée, c'est la vie, et, comme le dit le vieil Héraclite dans l'un des vers trop rares que nous avons conservés de lui, le nom de la vie est bien le mot vie, mais son œuvre, c'est la mort :

Τῷ οὖν βίῳ ὄνομα μὲν βίος, ἔργον δὲ θάνατος.

Cette résignation douloureuse au fond, sereine d'apparence, est loin, d'ailleurs, d'être à la portée de tous : *non licet omnibus adire Corinthum*. Elle ne peut être le lot que des âmes d'élite qui, ayant trouvé que la vie n'a d'autre parallélisme que la mort, déclarent son principe décidément mauvais, et, se laissant fasciner par l'attrait du néant, tirent de celui-ci un haut et noble appui moral. Dangereuse pour les esprits étroits et veules, qui forment la grande majorité des hommes, cette conception de la vie assure aux natures vigoureuses la quiétude et le repos, leur fournit l'oreiller philosophique un peu égoïste que recherchait Montaigne. Pour tout dire, Schopenhauer a rédigé un de ces évangiles philosophiques dans lesquels quelques milliers d'hommes prennent conscience d'eux-mêmes, se sentent fils intellectuels de celui qui l'a écrit, et restent profondément reconnaissants au penseur privilégié qui les a éclairés et leur a révélé ce qui s'agitait en eux-mêmes d'une façon obscure. Aussi est-il vrai d'affirmer que cette idée de « la résignation », qui résume tout le système de l'auteur du *Monde comme volonté et comme représentation*, se résorbe finalement en un « optimisme » réel, dont l'énonciation n'est faite pour étonner que ceux qui savent peu de choses de ce système. La vérité, c'est que, dans cette grande œuvre philosophique, Ormazd a une fois de plus vaincu Ahriman.

Terminons par une petite anecdote. Schopenhauer, pendant son séjour de près de cinq années à Dresde, après avoir quitté Weimar, vivait isolé, plongé tout entier dans l'élaboration de son système, étudiant, au cours de promenades solitaires le long de l'Elbe et dans les bois d'alentour, le monde végétal et le monde animal, auxquels il demandait la solution de l'énigme de l'univers. Un jour que, au printemps, il rentrait au logis tout saupoudré du pollen des arbres dont les boutons commençaient à s'ouvrir, son hôtesse lui dit : « Vous fleurissez, M. le docteur ». — « Oui, lui répondit-il, si les arbres ne fleurissent pas, comment porteront-ils des fruits? » Et tous ceux qui connaissent son œuvre savent quels fruits abondants et rares l'arbre-Schopenhauer a produits.

AUGUSTE DIETRICH.

Février 1911.

PHILOSOPHIE ET SCIENCE DE LA NATURE

PHILOSOPHIE ET SCIENCE DE LA NATURE

La nature est la *volonté,* se regardant hors d'elle-même ; son point de vue doit donc être un intellect individuel. Celui-ci est également son produit.

Au lieu de démontrer, comme les Anglais, la sagesse de Dieu par les œuvres de la nature et les instincts artistiques, ceux-ci et celle-là devraient faire comprendre que tout ce qui s'opère par le *medium* de la représentation, c'est-à-dire de l'intellect, — celui-ci fût-il développé jusqu'à la raison, — n'est qu'une plaisanterie par rapport à ce qui émane directement de la volonté, comme chose en soi, et n'est amené par aucune représentation, telles que le sont les œuvres de la nature. C'est le thème de mon traité sur *La volonté dans la nature*[1], que je ne saurais, pour cette raison, assez recommander à mes lecteurs : le point central de ma

1. Ouvrage publié en 1836, et le premier que donna Schopenhauer, à dix-huit ans d'intervalle, après *Le monde comme volonté et comme représentation*. *La volonté dans la nature* n'a pas été traduite en français (*Le trad.*).

doctrine s'y trouve exposé plus nettement que partout ailleurs.

Quand on considère comment la nature, qui se préoccupe peu de l'individu, veille avec une sollicitude si exagérée sur le maintien de l'espèce, grâce à la toute-puissance de l'instinct sexuel et à la surabondance incalculable des germes, souvent prête à remplacer, chez les plantes, les poissons, les insectes, un individu par des centaines de milliers d'autres, on en vient à conjecturer que si la procréation de l'individu est facile à la nature, la procréation originelle d'une espèce lui est extrêmement difficile. Aussi n'en voyons-nous jamais surgir une nouvelle. Même la *generatio æquivoca*, quand elle a lieu (ce qu'on ne peut mettre en doute pour les épizoaires et les parasites en général), ne produit jamais que des espèces connues ; et les très rares espèces disparues de la faune actuelle, celle de l'oiseau doudou (*ditus ineptus*), par exemple, bien que répondant au plan de la nature, n'ont pu être rétablies par elle. Alors nous restons étonnés que notre avidité soit parvenue à lui jouer un pareil tour.

Dans la nébuleuse brillante dont se composait, d'après le système cosmogonique de Laplace, le soleil s'étendant jusqu'à Neptune, les matières chimiques primordiales ne pouvaient encore exister *actu*, mais seulement *potentia*. Quoi qu'il en soit, la première séparation de la matière en hydrogène et en oxygène, en soufre et en charbon, en azote, en chlore, etc., comme en différents métaux si semblables les uns aux autres et néanmoins très distincts, fut la première vibration de l'accord fondamental du monde.

Je soupçonne d'ailleurs que tous les métaux sont la combinaison de deux matières primordiales absolues, que nous ne connaissons pas encore, et ne diffèrent que par le *quantum* relatif de l'une et de l'autre. C'est aussi la raison de leur opposition électrique, en vertu d'une loi analogue à celle d'après laquelle l'oxygène réside à la base d'un sel en un rapport opposé, vis-à-vis son radical, de celui qu'ils ont l'un et l'autre dans l'acide du même sel. Si l'on pouvait séparer les métaux en ces parties constitutives, on parviendrait vraisemblablement aussi à les créer. Mais là est l'obstacle.

Parmi les gens qui n'ont pas le sens raffiné de la philosophie, et au nombre desquels il faut compter tous ceux qui n'ont pas étudié la doctrine kantienne, par conséquent la plupart des étrangers, et, en Allemagne, un grand nombre de médecins et d'hommes du même acabit, qui philosophent de confiance sur la base de leur catéchisme, on retrouve encore la vieille opposition radicalement fausse entre l'*esprit* et la *matière*. Les hégéliens en particulier, avec leur ignorance extraordinaire et leur grossièreté philosophique, l'ont reprise sous la dénomination « esprit et nature », empruntée à l'époque prékantienne, et ils vous la servent ainsi tout naïvement, comme s'il n'y avait jamais eu un Kant et si nous continuions à nous promener, la tête ornée d'une perruque, entre des haies tondues, en philosophant, à l'instar de Leibnitz dans le jardin d'Herrenhausen (voir ses *Œuvres*, édit. Erdmann, p. 755), avec des princesses et des dames de cour sur l' « esprit et la nature », celle-ci s'entendant des haies tondues, et celui-là du contenu de la perruque. Sous le bénéfice de cette fausse opposition, il y a alors des spiritualistes et des matérialistes. Ces dernier affirment que la matière, par sa forme et son mélange produit tout chez l'homme, conséquemment aussi l la pensée et la volonté : ce qui fait jeter les grands cri aux premiers, etc.

En réalité, il n'y a ni esprit ni matière, mais beau coup de sottise et d'extravagance dans le monde L'effort de la pesanteur dans la pierre est tout auss inexplicable que la pensée dans le cerveau humain, e permettrait donc aussi de conclure à un esprit dans l pierre. Je dirai donc à ces ergoteurs : vous croye reconnaître une matière morte, c'est-à-dire complète ment passive et privée de propriétés, parce que vou vous imaginez comprendre réellement tout ce que vou pouvez ramener à une action mécanique. Mais de mêm que les effets physiques et chimiques sont, de votr propre aveu, incompréhensibles pour vous, aussi long temps que vous ne savez pas les ramener aux effet mécaniques, ainsi, de la même façon, ces effets méca niques, c'est-à-dire les manifestations de la pesanteur de l'impénétrabilité, de la cohésion, de la dureté, de l fixité, de l'élasticité, de la fluidité, etc. sont aussi mys térieux que ceux-là, voire que la pensée dans la têt humaine. Si la matière, vous ne savez pourquoi, peu tomber à terre, elle peut aussi penser, vous ne save pourquoi. Ce qu'il y a dans la mécanique de vraimen pur et d'absolument compréhensible jusqu'au bout, n va pas plus loin que la pure mathématique dans chaqu explication, et est en conséquence limité aux détermi nations d'espace et de temps. Or ceux-ci, avec leur lois, nous sont connus *à priori*, ne sont donc que de formes de notre connaissance, et appartiennent tou seuls à nos représentations. Leurs déterminations son donc au fond subjectives et ne concernent pas ce qui est purement objectif, indépendant de notre connaissance, la chose en soi. Mais dès que, même en mécanique, nous dépassons la mathématique pure, dès que nous arrivons à l'impénétrabilité, à la pesanteur, à la fixité, à la fluidité, à la gazéité, nous nous trouvons déjà en face de manifestations aussi mystérieuses pour nous que la pensée et la volonté de l'homme, c'est-à-dire de l'insondable : c'est le caractère de toute force naturelle. Que devient maintenant cette matière que vous connaissez et comprenez si intimement, puisque vous prétendez tout expliquer par elle, tout ramener à elle ? La mathématique seule est purement compréhensible et complètement pénétrable, parce qu'elle a sa racine dans le sujet, dans l'appareil de notre représentation ; mais dès qu'apparaît quelque chose d'objectif, non déterminé *à priori*, cela devient aussitôt définitivement insondable. Ce que les sens et l'intelligence perçoivent à proprement dire, c'est là un phénomène tout à fait superficiel qui n'atteint pas l'essence véritable et intime des choses. C'est ce que Kant voulut. Admettez maintenant dans la tête humaine, comme *deus ex machinâ*, un *esprit* : vous devez alors, je le répète, en admettre un dans chaque pierre. Si, au contraire, votre matière morte et purement passive peut faire effort comme pesanteur, ou, comme électricité, attirer, repousser et lancer des étincelles, elle peut également penser en qualité de cerveau. Bref, on peut attribuer une matière à chaque soi-disant esprit, mais aussi un esprit à chaque matière : preuve que l'opposition est fausse.

Cette division cartésienne de toutes les choses en esprit et en matière n'est donc pas philosophiquement exacte ; la seule vraie, c'est celle en volonté et en représentation, qui ne marche aucunement en ligne parallèle avec celle-là. Car elle spiritualise *tout*, en transportant, d'une part, dans la représentation, le réel et l'objectif, — le corps, la matière, — et en ramenant, d'autre part, la chose en soi de chaque phénomène à la volonté.

J'ai exposé pour la première fois, dans le *Monde comme volonté et comme représentation* (livre I, § 4), puis plus nettement et plus exactement, dans la seconde édition de mon traité sur *Le principe de la raison suffisante* (§ 21, à la fin), l'origine de la représentation de la matière en général, comme source objective, mais dénuée de propriétés, de toutes les propriétés, et j'y renvoie ici, afin qu'on ne perde jamais de vue cette nouvelle doctrine, essentielle à ma philosophie. Cette matière n'est en conséquence que la matière objectivée, c'est-à-dire la fonction intellectuelle de la causalité même projetée au dehors, donc l'effet en général hypostasié objectivement, sans détermination de son genre ou espèce. Il s'ensuit que, dans la notion objective du monde corporel, l'intellect donne toutes les *formes* de celui-ci par ses propres moyens, temps, espace et causalité, et, avec lui, aussi la notion de la matière pensée abstraitement, sans propriétés ni formes, incapable de se présenter comme telle dans l'expérience. Mais dès que l'intellect, grâce à ces formes et en elles, sent un contenu réel (ne provenant jamais que de la sensation), c'est-à-dire quelque chose d'indépendant de ses propres formes de connaissance, qui ne se manifeste pas par l'effet en général, mais par un genre d'effet déterminé, il l'envisage comme corps, c'est-à-dire comme matière formée et spécifiquement déterminée, qui apparaît comme indépendante de ses formes, ou complètement objective. Il faut toutefois se rappeler ici que la matière empiriquement donnée ne se manifeste partout que par les forces qui s'expriment en elle : de même que chaque force, à l'inverse, n'est jamais reconnue que comme inhérente à la matière; toutes deux ensemble constituent le corps empiriquement réel. Tout ce qui est empiriquement réel renferme cependant une idéalité transcendante. La chose en soi qui se représente dans un tel corps empiriquement donné, par conséquent dans chaque phénomène, je l'ai expliquée comme étant la *volonté*.

Reprenons maintenant cette chose en soi comme point de départ. La matière, je l'ai dit souvent, est pour nous la simple visibilité de la volonté, mais non la volonté ; elle appartient donc au côté purement formel de notre représentation, mais non à la chose en soi. Nous devons en conséquence nous la représenter comme dénuée de formes et de propriétés, absolument inerte et passive ; mais cela seulement *in abstracto* ; empiriquement, en effet, il n'y a jamais de pure matière sans forme ni qualité. De même qu'il y a *une seule* matière qui, se manifestant sous les formes et les accidences les plus variées, est toujours la même, la volonté dans toutes ses manifestations reste toujours une et la même.

En conséquence de ce qui précède, notre intellect, lié à ses formes et destiné par nature seulement au service d'une volonté individuelle, non à la connaissance objective de l'essence des choses, doit voir dans le point de départ de celles-ci la *matière*, c'est-à-dire le réel, remplissant l'espace et le temps, subsistant au milieu de toutes les modifications des qualités et des formes, qui est le *substratum* commun de toutes les perceptions, mais qui n'est pas perceptible par lui seul ; quant à ce que cette matière peut être en elle-même, cela demeure en suspens. Si l'on entend par le mot *absolu*, dont on abuse tant, ce qui ne peut avoir ni commencement ni fin, mais a au contraire donné naissance à tout ce qui existe, on n'a pas à le chercher dans des espaces imaginaires ; il est de toute évidence que la matière répond complètement à ces exigences. Après que Kant a montré que les corps sont de simples *phénomènes*, mais que leur essence en soi reste inconnaissable, je suis pourtant parvenu à prouver que cette essence est identique à celle que nous reconnaissons dans notre conscience directement comme volonté. J'ai en conséquence expliqué la matière comme étant la simple *visibilité de la volonté* (Suppléments au *Monde comme volonté et comme représentation*, livre II, chap. XXIV). Comme de plus, pour moi, chaque force naturelle est un phénomène de la volonté, il s'ensuit qu'aucune force ne peut apparaître sans *substratum* matériel, ni nulle manifestation de force avoir lieu sans modification matérielle. Ceci s'accorde avec l'affirmation du zoochimiste Liebig [1], à savoir que chaque action musculaire, voire chaque pensée du cerveau, doivent être accompagnées d'une modification chimique de matière. Il ne faut d'ailleurs point oublier que, d'autre part, nous ne reconnaissons

1. L'éminent chimiste connu des ménagères des deux mondes par son invention d'extrait de viande de bœuf destiné à fournir des potages succulents et fortifiants, et qui est comme un premier essai de la fameuse pilule chimique alimentaire rêvée par Berthelot ; mais, plus que cela, Liebig a fait des découvertes de premier ordre en chimie organique, en chimie animale et agricole, dans les théories de l'alcool, etc. Il fut également grand par la méthode comme par les applications pratiques qu'il en tira. Né à Darmstadt en 1803, créé baron en 1845, Justin Liebig devint en 1852 professeur à Munich, où il mourut en 1873. (*Le trad.*)

jamais empiriquement la matière que par les forces qui se manifestent en elle. La matière est simplement la manifestation de ces forces *en général*, c'est-à-dire *in abstracto*. Elle est en soi la visibilité de la volonté.

Quand il nous arrive de voir à un degré de grandeur colossale des effets tout simples que nous avons chaque jour en petit sous les yeux, l'aspect en est pour nous neuf, intéressant et instructif, parce que seulement alors nous obtenons une représentation appropriée des forces naturelles se manifestant en eux. Citons comme exemples les éclipses de lune, les incendies, les grandes chutes d'eau, les canaux au milieu de la montagne, près de Saint-Ferréol, qui approvisionnent d'eau le canal du Languedoc, le vacarme et la poussée des glaçons lors de la débâcle d'un fleuve, le lancement d'un vaisseau, même encore une très longue corde tendue qui presque en un clin d'œil est tirée de l'eau de toute sa longueur, comme dans le hâlage, etc. Que serait-ce, si nous pouvions apercevoir directement en sa pleine et grandiose activité, entre les corps célestes, « se jouant vers les buts qui les attirent », l'effet de la gravitation, que nous ne connaissons que par une circonstance aussi bornée que la pesanteur terrestre ?

Empirique au sens étroit est la connaissance, qui s'en tient aux effets, sans pouvoir atteindre les causes. Elle suffit souvent à l'utilité pratique. par exemple en thérapeutique. Les farces des philosophes de la nature de l'école de Schelling, d'une part, et les succès de l'empirisme, d'autre part, ont provoqué chez beaucoup une telle frayeur des systèmes et des théories, qu'ils attendent les progrès de la physique d'elle-même, sans l'adjonction du cerveau, et préféreraient se borner à expérimenter, sans penser le moins du monde. Ils sont d'avis que leur appareil physique ou chimique doit penser à leur place et doit même, dans la langue des pures expériences, énoncer la vérité. On entasse dans ce but les expériences à l'infini, et dans ces expériences de nouveau les conditions; de sorte qu'on opère uniquement à l'aide d'expériences des plus compliquées, finalement tout à fait controuvées, incapables de donner jamais un résultat pur et décisif, mais qui doivent agir comme des poucettes mises à la nature, pour la contraindre à parler elle-même. Le véritable chercheur, au contraire, et qui pense par lui-même, organise ses expériences le plus simplement possible, pour percevoir nettement les affirmations claires de la nature et juger en conséquence, car la nature ne se produit jamais que comme témoin. D'excellents exemples de ce que j'avance sont fournis par la partie chromatologique de l'optique, y compris la théorie des couleurs physiologiques, telle que les Français et les Allemands l'ont traitée dans ces vingt dernières années.

D'une façon générale, ce n'est pas l'observation des phénomènes rares et cachés, représentables seulement par des expériences, qui conduira à la découverte des vérités les plus importantes; c'est celle des phénomènes qui sont là sous nos yeux, accessibles à chacun. Aussi la tâche consiste-t-elle moins à voir ce que personne n'a encore vu, qu'à penser, en face de ce que chacun voit, ce que personne n'a encore pensé. Voilà aussi pourquoi il importe beaucoup plus, en cette matière d'être un philosophe qu'un physicien.

Pour l'ouïe, la différence des sons, par rapport à

l'élévation et à la profondeur, est qualitative. La physique la ramène cependant à être purement quantitative, en ce qui concerne celle de la vibration plus rapide ou plus lente : ce qui fait que tout s'y explique par une activité purement mécanique. Ainsi, en musique, non seulement l'élément rythmique, — la cadence, — mais aussi l'élément harmonique, — l'élévation et la profondeur des sons, — revient au mouvement, conséquemment à la simple mesure du temps, et, par suite, aux nombres.

L'analogie apporte ici un fort appui à l'idée de Locke, d'après laquelle tout ce que nous percevons dans les corps, au moyen des sens, comme *qualité* (*qualités secondaires* de Locke), n'est en soi que la diversité du *quantitatif*, le simple résultat de l'impénétrabilité, de la grandeur, de la forme, du repos, du mouvement, du nombre des plus petites parties : propriétés que Locke laisse subsister comme les seules réelles objectivement, et nomme en conséquence qualités *primaires*, c'est-à-dire primordiales. Mais on ne pourrait le démontrer dans les sons, que parce qu'ici l'expérience permet chaque agrandissement ; on y met en effet en mouvement des cordes longues et épaisses dont on peut compter les lentes vibrations ; il en serait d'ailleurs de même avec *toutes* les qualités. L'expérience fut ensuite appliquée à la lumière, dont l'action et la teinte sont dérivées des vibrations d'un éther complètement imaginaire et sont très exactement calculées ; les membres les plus ignorants de la république des savants l'affirment avec un aplomb inouï, un charlatanisme colossal et une assurance si enfantine, qu'on croirait vraiment qu'ils ont réellement vu et tenu dans leurs mains l'éther, ses oscillations, ses atomes, et toutes les sornettes qui peuvent s'ensuivre. Cette vue aurait des conséquences favorables à l'atomistique, telle qu'elle règne principalement en France, mais se répand aussi en Allemagne, après que la stœchiométrie chimique de Berzélius lui a donné un coup d'épaule (Voir Pouillet[1], *Traité de physique et de météorologie*). S'arrêter longuement ici à la réfutation de l'atomistique, serait superflu ; elle peut tout au plus passer pour une hypothèse non démontrée.

Un atome, si petit puisse-t-il être, est pourtant toujours la continuité d'une matière ininterrompue. Pouvez-vous vous représenter cela petit ? Pourquoi donc pas grand ? Mais alors à quoi bon les atomes ? Les atomes chimiques sont seulement l'expression des rapports fermes et constants dans lesquels les matières s'unissent ensemble, expression à laquelle on a donné pour base, vu qu'elle devait se traduire en chiffres, une unité quelconque, le poids du *quantum* d'oxygène avec lequel chaque matière s'unit. Mais on a choisi pour ces rapports de poids, d'une façon des plus malheureuses, le vieux mot d'*atome ;* et il en est résulté, grâce aux chimistes français, qui, en dehors de leur chimie, ne savent rien, une lourde atomistique qui prend la chose au sérieux, hypostase ces simples jetons comme des atomes réels, et parle, tout à fait dans la manière de Démocrite, de leur « arrangement[2] » de telle façon dans un corps, de telle autre dans un deuxième, pour en expliquer les qualités et les diversités, sans soupçonner en rien l'absurdité de la chose. Il ne manque pas en

1. Voir, sur le physicien Pouillet, la note du volume de la série : *Métaphysique et esthétique*, p. 47. (*Le trad.*)

2. En français dans le texte.

Allemagne d'apothicaires ignorants qui sont, eux aussi, un « ornement de la chaire », et marchent sur les traces de ceux-là, cela va sans dire ; et nous ne devons pas nous étonner, s'ils exposent dogmatiquement et en toute gravité aux étudiants, dans des résumés, comme s'ils avaient la moindre idée de la chose, des propositions telles que celle-ci : « La forme cristalline des corps a son fondement dans un arrangement rectiligne des atomes ! » (Wœhler, *Chimie*, 1re partie, p. 3). Et ces gens là parlent la même langue que Kant, que dès leur jeunesse ils ont entendu nommer avec respect, mais sans avoir jamais mis le nez dans ses livres ! Ils expient ce péché en commettant ces farces scandaleuses. Quant aux Français, on pourrait aussi leur faire « une charité[1] », en leur traduisant exactement les rudiments métaphysiques de la science de la nature kantienne, pour les empêcher de continuer à tomber, si cela est encore possible, dans le démocritisme en question. On pourrait même y ajouter, comme commentaire, quelques passages des *Idées sur la philosophie de la nature*, de Schelling, les chapitres III et V du livre II, par exemple ; car ici Schelling s'appuie sur les épaules de Kant, et il dit beaucoup de bonnes choses dignes d'être prises en considération.

Le moyen âge nous a montré où mène la pensée sans l'expérimentation ; mais le siècle actuel est destiné à nous faire voir où mène l'expérimentation sans la pensée, et ce qui sort de la jeunesse dont l'éducation se limite à la physique et à la chimie. Seule la complète ignorance de la philosophie kantienne chez les Français et les Anglais, et la mise en oubli de celle-ci chez les Alle-

1. En français dans le texte.

mands, depuis l'obscurantisme inauguré par Hegel, explique la grossièreté incroyable de la physique mécanique actuelle. Ses adeptes, en effet, veulent ramener chaque force naturelle d'ordre élevé, lumière, chaleur, électricité, *processus* chimique, etc. aux lois du mouvement de la matière et de la pression et au développement géométrique de ses atomes imaginaires, que le plus souvent ils appellent avec timidité simplement « molécules » ; en vertu de la même timidité aussi ils ne poussent pas non plus leurs explications jusqu'à la pesanteur, et dérivent celle-ci d'un choc à la Descartes, afin qu'il n'y ait au monde que chocs et contre-coups, la seule chose qu'ils comprennent. Là où ils sont le plus réjouissants, c'est quand ils parlent des molécules de l'air ou de l'oxygène de celui-ci. A les en croire, les trois états d'agrégation ne seraient qu'une poudre plus fine, encore plus fine et toujours plus fine. Cela, ils le comprennent. Ces gens-là, qui ont beaucoup expérimenté et peu pensé, et qui sont en conséquence des réalistes de la plus grossière espèce, tiennent la matière et les lois de l'impulsion pour quelque chose d'absolument donné et de fondamentalement compréhensible ; aussi ramener à celles-ci leur semble-t-il une explication tout à fait satisfaisante, puisque, à la vérité, ces propriétés mécaniques de la matière sont tout aussi mystérieuses que celles à expliquer d'après elles ; ainsi nous ne comprenons pas mieux la cohésion, par exemple, que la lumière ou l'électricité. Les nombreuses manipulations que nécessite l'expérimentation empêchent réellement nos physiciens de penser, comme de lire ; ils oublient que les expériences ne peuvent jamais apporter la vérité même, mais seulement des données pour la trouver. Ils ressemblent aux physiologistes, qui nient la force vitale et veulent lui substituer des forces chimiques.

Un atome ne serait pas seulement un morceau de matière sans pores ; mais, vu qu'il doit être indivisible, il serait ou sans extension (en ce cas, non matière), ou doué de puissance absolue, c'est-à-dire de chaque puissance possible de la cohésion supérieure de ses parties. Je renvoie ici à ce que j'ai dit à ce sujet dans les Suppléments au *Monde comme volonté et comme représentation* (livre II, chap. XXIII). En outre, si l'on conçoit les atomes chimiques dans leur sens proprement dit, c'est-à-dire objectivement et comme réels, il n'y a plus au fond de liaison chimique véritable. Chacune revient alors à un très fin mélange d'atomes différents éternellement séparés ; tandis que le caractère particulier d'une liaison chimique consiste précisément en ce que son produit soit un corps complètement homogène, dans lequel ne puisse se trouver aucune particule même indéfinie qui ne renferme les deux substances unies. C'est ainsi que l'eau diffère tellement du gaz, parce qu'elle est la liaison chimique des deux matières, qui se rencontrent dans celui-ci seulement à l'état du plus fin mélange. Le gaz est un simple mélange. Quand on l'allume, une terrible détonation, accompagnée d'un très fort dégagement de lumière et de chaleur, annonce une modification totale et tout à fait profonde des deux parties mélangées ; et, en fait, nous trouvons aussitôt comme produit de celles-ci une substance fondamentalement et sous chaque rapport différente des deux parties constitutives, mais en même temps absolument homogène, — l'eau. Nous voyons donc que la modification qui s'est effectuée ici répondait à la révolte des esprits naturels qui l'annonçaient ; que les deux parties constitutives du gaz, faisant complète abstraction de leur essence propre si opposée, se sont pénétrées l'une l'autre, de sorte qu'elles ne représentent plus maintenant qu'un seul corps absolument homogène, dans la plus petite partie même duquel continuent à subsister, non séparés et réunis, ces deux *componentia,* de manière qu'on n'y peut plus en trouver un qui soit isolé. C'était donc un procédé chimique, et non mécanique. Comment est-il possible d'expliquer, avec nos Démocrites modernes, ce fait par l'affirmation que les « atomes » ! jetés auparavant pêle-mêle se sont maintenant placés en rangs, deux à deux, ou plutôt, à cause de la grande inégalité de leur nombre, de façon qu'autour d'un atome d'hydrogène se sont groupés neuf atomes d'oxygène, en vertu d'une tactique innée et inexplicable ; et que la détonation n'aurait été que le coup de tambour accompagnant ce : « En rangs ! », c'est-à-dire, en réalité, beaucoup de bruit pour rien ? Je dis en conséquence : ce sont là des plaisanteries, comme l'éther vibrant et toute la physique mécanique et atomistique leucippo-démocrito-cartésienne, avec toutes ses lourdes explications. Il ne suffit pas de savoir mettre les poucettes à la nature, il faut savoir aussi la comprendre, quand elle parle. Mais cela, c'est impossible.

En tout cas, s'il y avait des atomes, ils devraient être dépourvus de différences et de propriétés ; il n'y aurait donc pas d'atomes de soufre et d'atomes de fer, etc. mais simplement des atomes de matière. Car les différences suppriment la simplicité. Ainsi, par exemple, l'atome de fer devrait contenir quelque chose manquant à l'atome de soufre ; il ne serait donc pas simple, mais composé, et, d'ailleurs, la modification de la qualité ne peut avoir lieu sans modification de la quantité. *Ergo :* si les atomes sont possibles, ils ne le sont que comme les dernières parties constitutives de la matière absolue ou abstraite, mais non imaginables en tant que celles des matières déterminées.

Dans le fait que je signale des liaisons chimiques ramenées à un très fin mélange d'atomes, la manie et l'idée fixe des Français de réduire tout aux faits mécaniques, trouve évidemment son compte ; mais il n'en est pas de même de la vérité, dans l'intérêt de laquelle je rappellerai plutôt l'assertion d'Oken [1], à savoir que « rien, absolument rien dans l'univers qui soit un phénomène naturel, n'est produit par des principes mécaniques » (*Sur la lumière et la chaleur*, p. 9). Il n'y a en réalité qu'une seule espèce d'action mécanique : elle consiste dans la volonté que possède un corps de pénétrer dans l'espace qu'un autre occupe ; à cela se ramènent pression et choc, qui se distinguent seulement par le caractère graduel ou soudain, bien que, par le dernier, la force devienne « vivante ». Sur la pression et le choc reposent donc tous les résultats de la mécanique. Le tirage est seulement apparent : par exemple, la corde avec laquelle on tire un corps pousse celui-ci, c'est-à-dire le presse par derrière. Les gens dont j'ai parlé veulent maintenant expliquer par là toute la nature : l'action de la lumière sur la rétine doit consister, suivant eux, en chocs mécaniques tantôt plus lents, tantôt plus rapides. Ils ont imaginé à cet effet un éther qui

1. Lorenz Oken (1779-1851), professeur de médecine à Iéna en 1807, à Munich en 1828, et à Zurich en 1832, a créé un système de philosophie naturelle transcendentale, fertile en idées ; mais beaucoup ont fait leur temps, comme celle relative à la constitution du crâne, qui ne serait, d'après lui, qu'une vertèbre modifiée. (*Le trad.*)

doit *pousser*; et ils voient pourtant que dans la tempête la plus forte, qui courbe tout, le rayon lumineux reste aussi immobile qu'un spectre. Les Allemands feraient sagement de se débarrasser du fameux empirisme et de ses manipulations, autant qu'il est nécessaire pour étudier les rudiments métaphysiques de la science de la nature, de Kant, en vue de désobstruer non seulement leurs laboratoires, mais aussi leurs têtes. La physique se heurte fréquemment et inévitablement, en vertu de sa matière, aux problèmes métaphysiques, et ses adeptes, qui ne connaissent que leurs joujoux électriques, les piles de Volta et les cuisses de grenouilles, montrent une ignorance des plus épaisses et des plus grossières dans les choses de la philosophie, en lesquelles ils se nomment docteurs. Ajoutez-y l'effronterie qui accompagne d'ordinaire l'ignorance, et qui les fait bavarder couramment comme des paysans privés de culture sur des problèmes qui occupent les philosophes depuis des siècles : matière, mouvement, transformation. Aussi n'ont-ils droit à d'autre réponse qu'à celle de la xénie :

Pauvre diable empirique ! tu ne connais pas même la sottise
En toi-même. Cela est, hélas ! si sot *à priori*[1].

L'analyse chimique est le triomphe de la cohésion par l'affinité. Toutes deux sont des *qualitates occultæ*.

1. «Armer, empirischer Teufel ! Du kennst nicht einmal das Dumme in dir selber ; es ist, ach ! *à priori* so dumm ».

C'est une *xénie* de Schiller (la 190e), dirigée contre Friedrich Nicolaï, un écrivain très combatif de la seconde moitié du xviiie siècle, dont le nom est resté en Allemagne synonyme de lourdeur et de philistinisme. — Voir Edouard Boas, *Schiller und Gœthe im Xenienkampf*, Stuttgart, 1851. (*Le trad.*)

On ne peut pas plus expliquer mécaniquement la lumière que la pesanteur. On a tenté d'abord d'expliquer également celle-ci par le choc d'un éther, et Newton lui-même avança cette hypothèse, qu'il abandonna bientôt. Mais Leibnitz, qui n'admettait pas la gravitation, lui était complètement acquis. C'est ce que confirme une de ses lettres (*Lettres et opuscules inédits*, p. 63, publiés par Foucher de Careil, 1854). C'est Descartes qui a découvert l'éther : « *Æther ille cartesianus, quem Eulerus ad luminis propagandi doctrinam adornavit* », dit Platner dans sa dissertation *De principio vitali*, p. 17. La lumière est incontestablement en un certain rapport avec la gravitation, mais indirectement et dans le sens d'un reflet, comme son opposition absolue. C'est une force essentiellement diffuse, comme celle-là est contractive. Toutes deux agissent toujours en ligne droite. Peut-être peut-on nommer, au moyen d'un trope, la lumière le reflet de la gravitation. Nul corps ne peut agir par un choc qui n'est pas lourd. La lumière est un *imponderabile ;* elle ne peut donc agir mécaniquement, c'est-à-dire par choc. Son alliée la plus proche, sa simple métamorphose au fond, est la chaleur, dont la nature pourrait servir en premier lieu à éclairer la sienne.

La chaleur, comme la lumière, est, à la vérité, impondérable, mais révèle cependant une certaine matérialité, en ce qu'elle se comporte comme substance persistante, lorsqu'elle passe d'un corps et d'un endroit en d'autres, et doit évacuer ceux-là pour prendre possession de ceux-ci ; de sorte que, une fois disparue d'un corps, elle doit toujours faire savoir où elle est allée et où on peut la trouver, ne fût-ce qu'à l'état latent. En cela donc elle se comporte comme une substance persistante, c'est-à-dire comme la matière. Sans doute, il n'y a pas de corps qui lui soit absolument impénétrable et qui puisse l'enfermer complètement ; mais nous la voyons disparaître plus lentement ou plus vite, selon qu'elle est entravée par des non-conducteurs meilleurs ou plus mauvais, et nous ne pouvons douter qu'un non-conducteur absolu pourrait l'enfermer et la conserver à jamais. Elle montre avec une évidence particulière cette persistance et cette nature substantielle, quand elle devient latente ; car alors elle entre dans un état où elle se laisse conserver tant qu'on veut, et ensuite produire à l'état de chaleur libre, sans diminution. Le caractère latent, puis libre de la chaleur, prouve irréfutablement sa nature matérielle, et vu qu'elle est une métamorphose de la lumière, celle aussi de la lumière. Le système de l'émanation est donc vrai, ou plutôt se rapproche le plus de la vérité. La chaleur est une *materia imponderabilis,* comme on l'a qualifiée avec raison. Bref, si nous la voyons émigrer, même se cacher, nous ne la voyons jamais disparaître, et pouvons toujours indiquer ce qu'elle est devenue. Dans l'incandescence seulement elle se transforme en lumière, et en adopte alors la nature et les lois. Cette métamorphose est particulièrement visible dans la lumière de Drummond, qui est utilisée, on le sait, pour le microscope hydrooxygène. Tous les soleils étant une source constante de nouvelle chaleur, et la chaleur existante ne disparaissant jamais, comme nous venons de le montrer, mais cheminant seulement et devenant tout au plus latente, on pourrait conclure que le monde dans son ensemble devient toujours plus chaud. C'est un point que je soulève sans le résoudre.

La chaleur se montre donc toujours comme un *quantum* non pondérable, mais persistant. Il faut cependant faire valoir, contre l'opinion qu'elle est une matière entrant en liaison chimique avec le corps chauffé, que plus grande est l'affinité de deux matières l'une avec l'autre, plus leur séparation est difficile ; ainsi les corps qui prennent le plus facilement la chaleur la laissent aussi le plus facilement échapper, comme les métaux, par exemple. Il faut au contraire envisager comme une union vraiment chimique de la chaleur avec les corps la latence de ceux-ci : ainsi la glace et la chaleur donnent un nouveau corps, l'eau. Parce que la chaleur est liée à un tel corps en réalité et en vertu d'une affinité prépondérante, elle ne passe pas immédiatement de lui, comme des corps auxquels elle adhère simplement, dans chaque autre corps qui se rapproche d'elle. Si l'on veut utiliser ceci pour des symboles à la façon des *Affinités électives* de Gœthe, on peut dire qu'une femme fidèle est unie à l'homme comme la chaleur latente à l'eau, tandis que la courtisane volage ne lui est superficiellement attachée que du dehors, comme la chaleur au métal, tant qu'elle n'est pas sollicitée par un autre qui la désire plus vivement.

Je constate, à ma stupéfaction, que les physiciens prennent couramment, peut-être sans exception, la capacité calorique et la chaleur spécifique comme une seule et même chose, synonyme l'une de l'autre. Je trouve au contraire qu'elles sont en opposition. Plus un corps a de chaleur spécifique, moins il peut absorber la chaleur qui lui est amenée ; il la reperd immédiatement, et ainsi sa capacité calorique est d'autant plus faible ; et à l'inverse. Quand, pour porter un corps à un degré déterminé de chaleur thermométrique, ce corps a plus besoin de chaleur affluant du dehors qu'un autre, il a une plus forte capacité calorique ; par exemple, l'huile de lin a la moitié de la capacité de l'eau. Pour porter une livre d'eau à 60 degrés Réaumur, il faut autant de chaleur que pour fondre une livre de glace, degré où cette chaleur devient latente. L'huile de lin, par contre, est portée à 60 degrés par moitié autant de chaleur qui lui est amenée ; mais elle ne peut aussi, en la reperdant et en tombant à 0, fondre qu'une demi-livre de glace. L'huile de lin a donc une fois autant de chaleur spécifique que l'eau, en conséquence moitié autant de capacité : car elle ne peut reperdre que la chaleur qui lui est amenée, non la chaleur spécifique. Donc, plus un corps a de chaleur spécifique, c'est-à-dire qui lui est propre, d'autant moindre est sa capacité, d'autant plus facilement il rejette la chaleur qui lui est amenée, et qui agit sur le thermomètre. Plus il a besoin pour cela de chaleur amenée, d'autant plus grande est sa capacité et d'autant moindre sa chaleur spécifique, qui lui est propre et qu'il ne peut aliéner. Il rejette en conséquence la chaleur amenée ; de là vient qu'une livre d'eau à 60 degrés de chaleur thermométrique fond une livre de glace, en tombant à 0 ; tandis qu'une livre d'huile de lin à 60 degrés de chaleur thermométrique ne peut fondre qu'une demi-livre de glace. Il est ridicule de dire que l'eau a plus de chaleur spécifique que l'huile. Plus un corps a de chaleur spécifique, moins il faut de chaleur extérieure pour l'échauffer, mais d'autant moins aussi il peut perdre de chaleur ; il se refroidit vite, comme il s'est échauffé vite. Tobie Maier expose très justement tout ce *processus* dans son traité de *Physique*, § 350 et suiv. ; mais lui aussi confond, § 365, la capacité avec la chaleur spécifique, qu'il regarde comme identiques. Un corps liquide ne perd sa chaleur spécifique que quand il transforme son état d'agrégation, c'est-à-dire quand il est gelé. Cette chaleur spécifique ne serait donc dans les corps liquides que la chaleur latente ; mais les corps solides aussi ont leur chaleur spécifique. Baumgærtner cite à ce sujet la limaille de fer.

La lumière ne se comporte pas si matériellement que la chaleur. Elle n'a au contraire qu'une nature spectrale, apparaissant et disparaissant sans laisser de traces là où elle est restée. Elle n'est même en réalité là que tant qu'elle existe ; cesse-t-elle de se développer, elle cesse aussi de briller, a disparu, et nous ne pouvons dire où elle est allée. Il ne manque pas de récipients dont la matière lui est impénétrable ; nous ne pouvons cependant l'enfermer, puis la lâcher. C'est tout au plus si la pierre de Bonon et certains diamants la conservent quelques minutes. On a cependant parlé dans ces derniers temps d'un fluate de chaux violet, nommé pour cette raison chlorophane ou émeraude de feu, qui, exposé quelques minutes seulement à la lumière solaire, resterait brillant pendant trois ou quatre semaines (voir la *Chimie* de Neumann, 1842). Cela rappelle fortement l'ancien mythe de l'escarboucle, *carbunculus*, λυχνίτης, sur lequel, soit dit en passant, on trouve tous les renseignements réunis dans les *Philostratorum Opera*, édit. Olearius, 1709, p. 65, note 14. J'ajouterai qu'il est mentionné dans *Sakountala*, acte II, p. 31 de la traduction de William Jones, et qu'on trouve de nouveaux détails étendus à son sujet dans les *Racconti* de Benvenuto Cellini, 2e édit., Venise, 1829 ; c'est le récit quatrième, qu'on lit en abrégé dans le *Traité d'orfèvrerie* de cet artiste, Milan, 1811, p. 30. Tout fluate de chaux devenant brillant par la caléfaction, nous devons conclure que cette pierre transforme facilement la chaleur en lumière, et que pour cette raison l'émeraude de feu ne transforme pas la lumière en chaleur, comme d'autres corps, mais la rejette en quelque sorte non digérée; ceci s'applique aussi à la pierre de Bonon et à certains diamants.

Ainsi donc, c'est seulement quand la lumière, rencontrant un corps opaque, s'est, d'après la mesure de son obscurité, transformée en chaleur et s'est assimilé la nature plus substantielle de celle-ci, que nous pouvons nous rendre compte d'elle.

En revanche, elle montre une certaine matérialité dans la réflexion, où elle suit les lois du rebondissement des corps élastiques, et également dans la réfraction. En celle-ci elle révèle aussi sa volonté, en préférant et en choisissant, parmi les corps qui lui sont ouverts, c'est-à-dire les corps transparents les plus épais [1]. Car elle abandonne sa voie rectiligne pour s'incliner dans la direction où se trouve le plus grand *quantum* de matière transparente plus épaisse; aussi, en entrant d'un milieu dans l'autre et en en sortant, tend-elle toujours là où la masse est la plus proche, ou bien là où elle est le plus fortement amoncelée, c'est-à-dire qu'elle s'efforce constamment de s'en approcher. Dans le verre convexe, la principale masse se trouve au milieu, et la lumière s'élance en forme conique; dans le verre concave, la masse est entassée à la périphérie, et la lumière s'échappe en forme d'entonnoir. Tombe-t-elle obliquement sur une surface plane, elle se détourne toujours, à son entrée et à sa sortie, de sa voie, pour se diriger vers la masse, à laquelle elle tend en quelque sorte la main en signe de bienvenue ou d'adieu. Sa courbe aussi

1. Ceci est à modifier. Voir Pouillet, ouvrage cité, t. II, p. 780.

témoigne de cette aspiration vers la matière. Dans sa réflexion elle rebondit, il est vrai, mais une partie d'elle passe; c'est là-dessus que repose ce qu'on nomme la polarité de la lumière. On pourrait indiquer des manifestations de volonté analogues de la chaleur, particulièrement dans la façon dont elle se comporte vis-à-vis des bons et des mauvais conducteurs.

Cet exposé des propriétés de la lumière est le seul qui puisse donner l'espoir d'approfondir sa nature ; il ne faut pas chercher celle-ci dans les hypothèses mécaniques de vibration ou d'émanation, qui sont en désaccord avec elle, ni, à plus forte raison, dans les contes absurdes de molécules de lumière, ce monstrueux résultat de cette idée fixe des Français, que chaque fait doit être en définitive mécanique et que tout doit reposer sur le choc et son contre-coup. Je m'étonne qu'ils n'aient pas encore dit que les acides consistent en crochets et les alcalis en agrafes, raison pour laquelle ils s'unissent si fortement. Ils continuent à avoir Descartes dans le sang. L'impossibilité de toute explication mécanique résulte déjà du seul fait de l'image reflétée par un miroir vertical. Quand je me tiens droit devant le miroir, les rayons tombent de mon visage perpendiculairement sur la surface du miroir, et ils reviennent de celui-ci à mon visage par la même voie. Les deux faits se reproduisent sans discontinuation, par conséquent aussi simultanément. A chaque répétition mécanique de la chose, qu'il s'agisse de vibration ou d'émanation, les oscillations ou les torrents de lumière se rencontrant en droite ligne et en direction opposée, comme deux balles non élastiques se heurtant en sens opposé avec une égale rapidité, devraient s'entraver et se supprimer les uns les autres, de façon que nulle image n'apparaisse, ou se repousser et tout déranger; mais mon image reste là intacte; la chose ne s'opère donc pas mécaniquement. Or, suivant l'avis général (Pouillet, ouvrage cité, t. II, p. 182), les vibrations ne sont pas longitudinales, mais transversales, c'est-à-dire se produisent verticalement dans la direction du rayon; alors la vibration, et, avec elle, l'impression lumineuse ne bougent pas, mais dansent où elles sont, et la vibration chevauche sur son rayon comme Sancho Pança sur le cheval de bois qu'on lui a glissé entre les jambes, et que tous ses coups d'éperon ne peuvent faire avancer. Aussi les Français emploient-ils de préférence au mot vibration le mot « ondes », parce que celui-ci fait mieux leur affaire; mais les ondes ne sont frappées que par un corps non élastique et absolument déplaçable, tel que l'eau, et non par un corps absolument élastique, tel que l'air, l'éther. L'impondérabilité des impondérables exclut à elle seule toutes les explications mécaniques de son action; ce qui ne pèse pas ne peut non plus pousser; ce qui ne pousse pas ne peut agir par vibration. L'hypothèse si répandue, quoique radicalement fausse et reposant en l'air (elle est puisée en réalité dans les vibrations aériennes musicales), que les couleurs auraient pour base la différente rapidité des vibrations de l'hypothétique éther, prouve le manque de jugement de la majorité des hommes. Les singes répètent ce qu'ils voient faire; les hommes redisent ce qu'ils entendent dire.

La « chaleur rayonnante »[1] des Français est une station moyenne dans la voie de la métamorphose de la

1. En français dans le texte.

lumière en chaleur, ou, si l'on veut, la chrysalide de celle-ci. La chaleur rayonnante est la lumière qui a perdu la propriété d'agir sur la rétine, mais qui a conservé ses autres propriétés. Elle est comparable à une corde de basse très profonde, ou à un tuyau d'orgue qui vibre encore visiblement, mais ne résonne plus, c'est-à-dire n'agit plus sur l'oreille ; cette chaleur envoie donc des rayons droits, traverse quelques corps, mais n'échauffe que les corps opaques qu'elle rencontre. La méthode propre aux Français de compliquer les expériences par l'entassement des conditions peut augmenter l'exactitude de celles-là et être favorable au travail de mesurage, mais elle alourdit et trouble même le jugement ; elle est cause, comme Gœthe l'a dit, que la compréhension de la nature et le jugement ne marchent nullement de pair avec la connaissance empirique et l'enrichissement des faits.

Les corps qui peuvent peut-être le mieux nous renseigner sur l'essence de la pellucidité sont ceux qui, transparents seulement à l'état liquide, sont opaques à l'état solide : tels la cire, le blanc de baleine, le suif, le beurre, l'huile, etc. On peut expliquer provisoirement ce fait, en disant que dans ces corps, comme dans tous les solides, l'aspiration particulière vers l'état solide se montre en une forte affinité, ou amour, pour la chaleur, comme l'unique moyen d'y parvenir. Voilà pourquoi ils transforment aussitôt, à l'état solide, toute lumière qui leur arrive en chaleur ; ils restent donc opaques, jusqu'à ce qu'ils soient devenus liquides ; ensuite ils sont rassasiés de chaleur, et livrent passage à la lumière comme telle [1].

1. Je hasarde l'hypothèse qu'un fait semblable pourrait expliquer le phénomène journalier en vertu duquel les pavés d'un

Cette aspiration générale des corps solides vers l'état liquide résulte en dernière analyse de ce que celui-ci est la condition de toute vie ; tandis que la volonté aspire toujours en haut, à son échelle d'objectivation.

La métamorphose de la lumière en chaleur, comme son contraire, reçoit un commentaire frappant de l'attitude du verre échauffé. Il entre en ignition à un certain degré de caléfaction, c'est-à-dire transforme la chaleur reçue en lumière ; à un degré supérieur de caléfaction, il fond et cesse de briller. C'est que maintenant la chaleur suffit à le rendre liquide ; la plus grande partie de celle-ci devient latente, en vue de l'état liquide d'agrégation, et il n'en reste pas pour se transformer paresseusement en lumière. Ceci se produit cependant avec une caléfaction encore plus forte, où le verre liquide même devient brillant, n'ayant plus besoin d'employer ailleurs la chaleur qui lui est encore amenée. (Babinet rapporte incidemment le fait, sans le comprendre nullement, dans la *Revue des Deux Mondes*, 1er novembre 1855).

On affirme que, sur les hautes montagnes, la température de l'air est à la vérité très basse, mais que l'action directe du soleil sur le corps est très forte. Cela s'explique par le fait que la lumière solaire frappe le corps avant d'être affaiblie par l'atmosphère plus dense de la couche inférieure, et subit immédiatement la métamorphose en chaleur.

Le fait connu que, la nuit, les sons et les bruits

blanc très brillant apparaissent, dès que la pluie les a mouillés, brun foncé, c'est-à-dire ne projettent plus de lumière : c'est parce que l'eau, dans son avidité de s'évaporer, transforme immédiatement en chaleur toute la lumière qui atteint les pierres. Mais pourquoi le marbre blanc, poli, mouillé, n'apparaît-il pas noir ? ni non plus la porcelaine blanche ?

résonnent plus fort que dans le jour, est habituellement expliqué par le silence nocturne général. Je ne sais plus qui a émis l'hypothèse, il y a une trentaine d'années, que la chose résulte plutôt d'un véritable antagonisme entre le bruit et la lumière. En observant assez fréquemment ce phénomène, on se sent enclin à accepter cette explication. Des recherches méthodiques peuvent seules établir ce point. Mais cet antagonisme pourrait s'expliquer par le fait que l'essence de la lumière, tendant à des lignes droites absolues, amoindrirait, en pénétrant l'air, l'élasticité de celui-ci. Si cela était constaté, ce serait une donnée de plus sur la connaissance de la nature de la lumière. Si l'éther, comme le système de la vibration, était démontré, l'explication d'après laquelle ses ondes croisent et entravent celles du bruit, aurait toute chance de son côté.

La cause finale, au contraire, se trouverait ici très facilement : c'est que l'absence de la lumière, qui enlève aux animaux l'usage de la vue, accroîtrait celui de l'ouïe. Alexandre de Humboldt examine ce point dans un essai publié en 1820, corrigé plus tard, qui se trouve dans ses *Opuscules*, t. I (1853). Lui aussi est d'avis que l'explication par le silence de la nuit ne suffit pas, et il lui oppose celle-ci, que, pendant le jour, le sol, les rochers, l'eau et les objets couvrant la terre seraient inégalement échauffés, ce qui ferait monter des colonnes d'air d'inégale densité qui auraient à pénétrer successivement les ondes sonores, et seraient ainsi brisées et rendues inégales. Or, pendant la nuit, je le dis, le refroidissement inégal devrait produire le même effet ; en outre, cette explication n'a de valeur que quand le bruit vient de loin et est assez fort pour rester perceptible : car à cette condition seule il traverse plusieurs colonnes d'air.

Mais la source, la fontaine et le ruisseau à nos pieds coulent, la nuit, deux à trois fois plus fortement. L'explication de Humboldt ne concerne d'ailleurs que la propagation du son, non le renforcement direct de celui-ci, qui a lieu aussi de tout près. En ce cas, une pluie générale, qui a pour effet d'égaliser partout la température du sol, devrait amener le même renforcement du son que la nuit; mais, sur mer, il ne devrait pas se produire. Humboldt dit qu'il serait moindre ; c'est ce qu'il est difficile de prouver. Son explication n'est donc en rien pertinente. Le renforcement nocturne du son est en réalité imputable soit à l'extinction du bruit diurne, soit à un antagonisme direct entre le son et la lumière

Chaque nuage a une contractilité. Il doit être retenu par une force intérieure quelconque, pour ne pas se dissoudre et se répandre dans l'atmosphère, que cette force soit électrique, qu'elle soit une simple cohésion, ou de la gravitation, ou autre chose. Mais plus cette force est active et efficace, plus fortement elle resserre intérieurement le nuage et donne ainsi à celui-ci un contour plus accusé et un aspect plus massif. Tel est le *cumulus* : il en tombera difficilement de la pluie. Le *nimbus*, au contraire, a des contours effacés[1].

1. Je suis tombé, à l'égard du tonnerre, sur une hypothèse très osée et peut-être extravagante, dont je ne suis pas sûr moi-même; je ne puis néanmoins me résoudre à la supprimer, et je veux la soumettre à ceux qui font de la physique leur occupation principale, afin qu'ils étudient avant tout la possibilité de la chose. Celle-ci une fois établie, la réalité ne pourrait plus guère être mise en doute.

Comme on ne sait pas encore au juste à quoi s'en tenir sur la cause première du tonnerre, les explications habituelles ne suffisant pas, surtout si l'on se représente le bruit du tonnerre par le craquement de l'étincelle hors du conducteur, on pourrait peut-être risquer l'hypothèse hardie et même audacieuse que la ten-

Nulle science n'impose autant à la foule que l'astronomie. Aussi les astronomes, qui ne sont en général que des têtes à calcul et n'ont par conséquent que des

sion électrique dans le nuage produit de l'eau, que le gaz fulminant ainsi développé forme des vésicules provenant de l'autre partie du nuage, et qu'ensuite l'étincelle électrique enflamme celles-ci. Le bruit du tonnerre répond précisément à une telle détonation, et l'averse immédiate qui suit d'ordinaire un violent coup de tonnerre, s'expliquerait ainsi. Les chocs électriques dans le nuage sans production préalable d'eau seraient les éclairs de chaleur, et l'éclair sans tonnerre. On veut cependant maintenant tenir ceux-ci pour des orages très lointains! Poey a engagé à l'Académie des sciences de France, en 1856-57, une vive discussion sur l'éclair sans tonnerre et le tonnerre sans éclair : il affirme que même les énergiques zigzags ont lieu parfois sans être accompagnés de tonnerre. (*Journal des mathématiques : Analyse des hypothèses sur les éclairs sans tonnerre*). Dans les *Comptes rendus* du 27 octobre 1856, un Mémoire destiné à en rectifier un autre sur l'éclair sans tonnerre et *vice-versa*, admet sans preuve aucune, comme chose certaine, que le tonnerre n'est en grand que le bruit produit par l'étincelle du conducteur, lorsqu'elle éclate. Les éclairs de chaleur sont l'éclair éloigné. J. Müller dit simplement, à la vieille mode, dans sa *Physique cosmique* (1856), que le tonnerre est « la vibration de l'air ébranlé par le passage de l'électricité », c'est-à-dire qu'il est ce qu'est le craquement en étincelant hors du conducteur. Mais le tonnerre n'a aucune ressemblance avec le bruit de l'étincelle électrique qui éclate, moins que la mouche avec l'éléphant ; la différence entre les deux sons n'est pas seulement quantitative, elle est aussi qualitative (Birnbaum, *Royaume des nuages* (*Reich der Wolken*), pp. 167, 169). Il a au contraire la plus grande ressemblance avec une série de détonations, même si celles-ci sont simultanées et, par suite de la longue distance, ne parviennent que successivement à notre oreille. Batterie des bouteilles de Leyde?

M. Scoutetten a lu à l'Académie des sciences un *Mémoire sur l'électricité atmosphérique*, dont le résumé se trouve dans les *Comptes rendus* du 18 août 1856. S'appuyant sur des expériences, il avance que la vapeur s'élevant de l'eau et des plantes, à la clarté du soleil, et formant les nuages, se compose de vésicules microscopiques dont le contenu est de l'oxygène électrisé, et l'enveloppe de l'eau. Si, comme on l'admet, les nuages se composent de vésicules vides (la vapeur d'eau proprement dite étant invisible), ceux-ci doivent, pour planer, être remplis d'un air plus léger que l'air atmosphérique ; donc, ou de simple vapeur d'eau, ou d'hydrogène. L'argument opposé, dans le *Royaume des nuages*, p. 91, est faux. L'auteur ne dit rien de l'hydrogène répondant à cet oxygène. Mais nous aurions déjà du moins ici un élément du facultés subordonnées, le prennent-ils souvent de haut avec leur « science la plus sublime de toutes », etc. Platon a déjà raillé ces prétentions de l'astronomie, et rappelé que le sublime n'est pas précisément ce qui se trouve en haut (*République*, livre VII). La vénération presque idolâtre dont jouit Newton, surtout en Angleterre, surpasse toute croyance. Tout récemment encore, le *Times* le nommait « le plus grand des êtres humains » (*the greatest of human beings*), et le même journal, une autre fois, cherche à réveiller notre ardeur, en nous assurant qu'il n'a pourtant été qu'un homme ! En 1815, d'après la feuille hebdomadaire *The Examiner*, citée dans Galignani, 11 janvier 1853, une dent de Newton fut vendue 730 livres sterling à un lord qui la fit enchâsser dans une bague : ce qui fait penser à la dent sacrée du Bouddha. Cette ridicule vénération à l'égard du grand mathématicien provient de ce que les gens prennent pour mesure de son mérite la grandeur des masses dont il a ramené le mouvement à leurs lois, et celles-ci à la force naturelle agissant en elles. Cette dernière découverte n'est d'ailleurs même pas la sienne, mais celle de Robert Hooke[1], et il s'est borné à certifier la chose par le calcul. Autrement, on ne voit pas de raison pour le vénérer plus que tout autre qui a ramené

gaz fulminant, même sans devoir admettre une décomposition d'eau électrique dans le nuage.

Par la séparation de l'eau atmosphérique en deux gaz, beaucoup de chaleur devient nécessairement latente. Le froid qui en résulte expliquerait encore le problème de la grêle, compagne très fréquente de l'orage, comme on peut le voir dans le *Royaume des nuages*. p. 138. Il est vrai qu'elle n'apparaît alors qu'en vertu d'une complication particulière de circonstances, c'est-à-dire rarement. Nous ne voyons ici que la source du froid, nécessaire pour amener en été les gouttes de pluie à la congélation.

1. Eminent philosophe et savant anglais à qui l'on doit un grand nombre de découvertes de premier ordre (1635-1703). (*Le trad.*)

des effets donnés à la manifestation d'une force naturelle déterminée, et pourquoi on n'estimerait pas aussi hautement Lavoisier, par exemple. Au contraire, la tâche consistant à expliquer des phénomènes donnés par diverses forces naturelles agissant ensemble, et même à tirer ceux-là de celles-ci, est beaucoup plus difficile que celle qui consiste à prendre en considération deux forces seulement, et aussi simples et uniformes que la gravitation et l'inertie, dans l'espace sans résistance. C'est justement sur cette simplicité incomparable, ou, pour mieux dire, sur cette pauvreté de sa matière, que reposent la certitude mathématique, la sûreté et l'exactitude de l'astronomie ; aussi le monde s'étonne-t-il qu'elle ne puisse même annoncer des planètes non encore aperçues. Ce dernier point, qui provoque tant l'admiration, n'est pourtant, bien examiné, que la même opération intellectuelle qui s'accomplit à chaque détermination d'une cause encore inconnue par l'effet qui se manifeste. Cette opération fut exécutée d'une façon plus surprenante encore par le connaisseur en vins qui, dégustant un verre, déclara qu'il devait y avoir du cuir dans le tonneau. On nia la chose, jusqu'à ce que, le tonneau vidé, on y trouva une clef avec un cordon en cuir. Cette opération intellectuelle est la même que celle qui a présidé à la découverte de Neptune. La différence n'est que dans l'application, c'est-à-dire dans l'objet ; elle diffère par la matière, mais nullement par la forme. L'invention de Daguerre, au contraire, — en supposant, comme quelques-uns l'affirment, que le hasard n'y ait pas beaucoup aidé, Arago n'en ayant trouvé la théorie que plus tard [1], — est cent fois plus profonde que

1. Les découvertes sont le plus souvent le simple résultat des

la découverte tant vantée de Leverrier. Mais, comme je l'ai dit, le respect de la foule repose sur la grandeur des masses en question et sur les immenses éloignements. Remarquons aussi, à cette occasion, que maintes découvertes physiques et chimiques peuvent avoir une valeur et une utilité incalculables pour le genre humain tout entier; et il a fallu peu d'intelligence pour les faire, si peu, que parfois le hasard seul en tient lieu. Il y a donc une large différence entre la valeur intellectuelle de telles découvertes et leur valeur matérielle.

Du point de vue philosophique, on pourrait comparer les astronomes à des gens qui assisteraient à la représentation d'un grand opéra, sans se laisser distraire par la musique ou le sujet de la pièce, ne donnant leur attention qu'aux décors, et qui seraient assez heureux pour se rendre finalement un compte exact de leur agencement et de leurs rapports.

Les signes du zodiaque sont les armoiries de l'humanité. Ils se trouvent en effet sous la même forme et dans le même ordre chez les Indous, les Chinois, les Perses, les Égyptiens, les Grecs, les Romains, etc., et l'on discute leur origine. Ideler, dans son livre sur ce sujet (1838), n'ose pas décider où il faut la placer. Lepsius a prétendu que ces signes se rencontrent pour la première fois sur des monuments qui se placent entre l'époque des Ptolémées et la conquête romaine. Mais Uhlemann affirme, dans son *Précis de l'astronomie et de l'astrologie des anciens, particulièrement des Égyptiens* (1857), qu'on les trouve déjà dans les tombeaux royaux du XVIe siècle avant Jésus-Christ.

tâtonnements et des essais; on imagine ensuite leur théorie, de même qu'on imagine la preuve d'une vérité reconnue.

A l'égard de l'harmonie pythagoricienne des sphères, on devrait bien rechercher quel accord résulterait, si l'on assemblait une succession de sons en rapport avec les différentes vélocités des planètes, de sorte que Neptune serait la basse, Mercure le soprano, etc. (V. à ce sujet Brandis, *Scholia in Aristotelem*, 1835, p. 496).

Si, comme cela parait conforme au niveau actuel de nos connaissances et comme l'ont déjà prétendu Leibnitz et Buffon, la terre était autrefois à l'état d'ignition et de fusion, — et l'est encore, puisque sa surface seule s'est refroidie et durcie, — elle était antérieurement, comme tout ce qui brûle, brillante aussi, et cet état ayant été également celui des grandes planètes, et ayant duré plus longtemps encore, les astronomes des anciens mondes lointains auront alors conçu le soleil comme une étoile double, triple, même quadruple. Mais le refroidissement de la surface du soleil s'accomplit si lentement, qu'on ne constate pas, dans les temps historiques, qu'il augmente si peu que ce soit. D'après les calculs de Fourier, il n'a plus lieu à aucun degré visible, car la terre reçoit précisément chaque année du soleil juste autant de chaleur qu'elle en perd. Alors, étant donné le volume 1.384.472 fois plus grand du soleil, dont la terre a été autrefois partie intégrante, le refroidissement doit, dans le rapport répondant à cette différence, s'effectuer plus lentement, quoique sans compensation du dehors; et l'éclat ainsi que la chaleur du soleil s'expliquent par le fait qu'il est encore dans l'état où se trouvait autrefois aussi la terre, dont la décroissance est trop lente pour que l'influence s'en fasse sentir même en des milliers de siècles. Qu'avec cela son atmosphère doive être le lumineux, c'est ce qu'on pourrait expliquer par la sublimation des parties les plus brûlantes. Il en serait ensuite de même des étoiles fixes, parmi lesquelles les étoiles doubles seraient de celles dont les planètes sont encore en état de briller par elles-mêmes. Mais, conformément à cette supposition, toute chaleur disparaîtrait peu à peu, et, au bout de billions d'années, l'univers deviendrait la proie du froid, de la rigidité, de la nuit, — à moins que, dans l'intervalle, de nouvelles étoiles fixes ne viennent à se coaguler au sein du brouillard lumineux, un *kalpa*[1] se liant ainsi à l'autre.

On pourrait déduire de l'astronomie physique la considération téléologique suivante.

Le temps nécessaire au refroidissement ou à l'échauffement d'un corps dans un milieu de température hétérogène est en un rapport rapidement croissant avec sa grandeur; Buffon s'est déjà efforcé de calculer ce rapport quant aux différentes masses des planètes réputées chaudes, mais Fourier l'a fait, de nos jours, d'une manière plus approfondie et plus heureuse. Cela nous est montré en petit par les glaciers, que la chaleur des étés ne parvient pas à fondre, et même par la glace des caves, qui subsiste assez longtemps. La maxime *divide et impera* trouverait sa meilleure confirmation, disons-le en passant, dans l'action de la chaleur solaire sur la glace.

Les quatre grandes planètes reçoivent infiniment peu

1. C'est un terme de la chronologie indoue. Pour les brahmanes, un *kalpa* est égal à un jour et une nuit de Brahma et ne comprend pas moins de 2.000 cycles de quatre *yougas* (*périodes*), soit 8.640.000.000 années humaines. A la fin de la première moitié de cette période a lieu une destruction du monde : Brahma s'endort pour ne se réveiller et créer à nouveau le monde qu'au bout de la seconde moitié. (*Le trad.*)

de chaleur du soleil : l'éclairage d'Uranus, par exemple, n'est que de 1/368 par rapport à celui de la terre. Ces planètes en sont donc réduites, pour maintenir la vie à leur surface, entièrement à leur chaleur intérieure ; la terre, au contraire, fait presque exclusivement appel à la chaleur extérieure venant du soleil. C'est du moins là le résultat des calculs de Fourier, d'après lesquels l'action de la chaleur si intense de l'intérieur de la terre sur la surface se réduit à un minimum. Mais la grandeur des quatre planètes en question, qui dépasse quatre-vingts à treize cents fois celle de la terre, rend incalculablement long le temps nécessaire à leur refroidissement. Avons-nous en effet, à l'époque historique, la moindre trace du refroidissement de la terre, si petite en comparaison d'elle ! Un Français hautement perspicace a démontré à ce sujet que la lune, par rapport à la rotation de la terre, ne marche pas plus lentement qu'à l'époque primitive dont nous avons connaissance. Si la terre s'était tant soit peu refroidie, elle devrait s'être contractée dans la même mesure, ce qui aurait accéléré sa rotation, tandis que la marche de la lune resterait immuable. Il semble en conséquence tout indiqué que les grandes planètes soient celles très éloignées du soleil, les petites celles qui en sont voisines, et que la plus petite soit la plus rapprochée. Car celles-ci perdront peu à peu leur chaleur intérieure, ou du moins s'épaissiront tellement, qu'elle ne parviendra plus à la surface : elles ont donc besoin d'une source de chaleur extérieure. Les planétoïdes sont, en tant que simples fragments d'une planète éclatée, une anomalie tout à fait exceptionnelle, et il n'est pas ici question d'eux. Mais cette accidence est en elle-même gravement antitéléologique. Nous voulons espérer que la catastrophe s'est produite avant que la planète ait été habitée. Nous connaissons toutefois la brutalité de la nature, et je ne réponds de rien. Mais si cette hypothèse présentée par Olbers, et très vraisemblable, est de nouveau combattue de nos jours, cela provient peut-être de raisons non moins théologiques qu'astronomiques.

Pour que la téléologie en question fût toutefois parfaite, il faudrait que la plus grande des quatre planètes fût la plus éloignée, et la plus petite la plus rapprochée : mais c'est plutôt l'opposé. On pourrait aussi objecter que leur masse est beaucoup plus légère, donc plus fluide aussi, que celle des petites planètes ; mais elle est loin de l'être, au point de compenser l'énorme différence de la grandeur. Peut-être n'est-elle ainsi que par suite de sa chaleur intérieure.

Un objet de nature à provoquer un étonnement téléologique tout particulier, c'est l'obliquité de l'écliptique. Sans elle, en effet, il n'y aurait pas de changement de saisons, il régnerait sur la terre un printemps éternel qui ne permettrait pas aux fruits de mûrir, et la terre ne pourrait, en conséquence, être habitée partout presque jusqu'aux pôles. Voilà pourquoi les théologiens qui se consacrent à la physique voient dans l'obliquité de l'écliptique la plus sage de toutes les dispositions, et les matérialistes le plus heureux de tous les hasards. Cet enthousiasme, qui s'accuse surtout chez Herder (*Idées sur la philosophie de l'histoire*, livre I, chap. IV), est pourtant, examiné de près, un peu enfantin. Si en effet un printemps éternel régnait, le monde végétal n'aurait pas manqué d'y accommoder aussi sa nature, en ce qu'une chaleur moins intense, mais toujours constante et égale, serait son partage. C'est ainsi que la flore aujourd'hui fossile du monde primitif s'est adaptée à un état tout autre de la planète, quelle qu'ait été la cause de celui-là, et y a admirablement prospéré.

Si, sur la lune, ne se manifeste par réfraction aucune atmosphère, cela provient de sa faible masse, qui n'est que d'1/88 de celle de notre planète, et qui exerce en conséquence si peu de force d'attraction, que l'air terrestre, transporté là, ne conserverait qu'1/88 de sa densité ; nulle réfraction sensible ne pourrait donc s'opérer, et la même impuissance doit exister dans le reste.

Ici peut se placer aussi une hypothèse sur la surface de la lune. Je ne puis me résoudre à la rejeter, quoique je me rende très bien compte des difficultés auxquelles elle se heurte ; aussi ne la donné-je que comme une conjecture osée. C'est celle d'après laquelle l'eau n'est pas absente de la lune, mais gelée, le manque d'une atmosphère produisant un froid presque absolu qui ne permet pas même la vaporisation de la glace, qu'autrement il favorise. En ce qui concerne notamment la petitesse de la lune, — son volume est 1/49 de celui de la terre et sa masse 1/88, — nous devons considérer sa chaleur intérieure comme épuisée, ou du moins comme n'agissant plus sur la surface. Elle ne reçoit pas plus de chaleur du soleil que la terre. Quoique en effet, une fois par mois, elle se rapproche d'autant plus de lui qu'elle est plus éloignée de nous, cas où elle tourne vers lui seulement le côté qui nous est opposé, ce côté ne reçoit par là, d'après Mœdler, qu'une clarté (et aussi une chaleur) en un rapport de 101 à 100 avec le côté qui nous est opposé, et qui ne tombe jamais dans ce cas ni même dans le cas contraire, quand notamment, au bout de quatorze jours, la lune s'est autant éloignée du soleil que nous sommes éloignés d'elle. Nous n'avons donc pas à envisager une action calorique du soleil sur la lune, plus forte que celle exercée par celui-là sur la terre. Il nous faut même en envisager une plus faible, celle-ci durant quinze jours pour chaque côté, mais étant interrompue par une nuit aussi longue, qui empêche l'accumulation de son action.

Toute chaleur solaire dépend de la présence d'une atmosphère. Elle ne se produit en effet que grâce à la métamorphose de la lumière en chaleur, qui ne s'opère que quand la première rencontre un corps opaque impénétrable pour elle. Ce corps, elle ne peut le traverser dans son impétueuse marche en droite ligne, comme le corps transparent par lequel elle est parvenue à l'autre ; alors elle se transforme en la chaleur qui se répand et s'élève de tous les côtés. Or celle-ci, étant absolument légère (impondérable), doit être cohibée et retenue par la pression d'une atmosphère, sans quoi elle se volatilise en naissant. Car si rapidement que la lumière, originellement, traverse l'air, aussi lente est en revanche sa marche quand, transformée en chaleur, elle doit triompher du poids et de la résistance de cet air, qui, on le sait, est le plus mauvais des conducteurs de la chaleur. Celui-ci est-il au contraire très fluide, alors la chaleur apparaît plus facilement, et, s'il fait complètement défaut, instantanément. Pour cette raison les hautes montagnes, où la pression atmosphérique est réduite à la moitié, sont couvertes d'une neige éternelle, tandis que les vallées profondes, éloignées, sont les plus chaudes ; que sera-ce donc là où l'atmosphère fait complètement défaut ! Eu égard à la température, par conséquent, nous devrions supposer que toute l'eau de la lune est gelée. Mais il y a une difficulté : de même que la fluidité de l'atmosphère favorise la cuisson et anéantit le point d'ébullition, ainsi l'absence complète de celle-là doit hâter beaucoup l'acte de la vaporisation, par lequel l'eau gelée de la lune aurait dû depuis longtemps s'évaporer. A cette difficulté il convient d'opposer que toute vaporisation, même dans un espace vide d'air, ne s'effectue qu'à l'aide d'une très forte quantité de chaleur, qui devient latente par elle. Or, cette chaleur manque sur la lune, où le froid doit être presque absolu ; la chaleur développée par l'action directe des rayons solaires y disparaît en effet instantanément, et la légère vaporisation qu'elle y produit peut-être est bientôt anéantie de nouveau par le froid, semblablement au givre[1]. Nous voyons par la neige des Alpes, qui disparaît si peu en se vaporisant ou en fondant, que la fluidité de l'air, à quelque degré qu'elle favorise la vaporisation, l'entrave davantage encore, en laissant échapper la chaleur qui lui est nécessaire. En l'absence complète de l'air, la disparition instantanée de la chaleur qui se développe sera, en rapport égal, plus défavorable à la vaporisation que le manque de pression atmosphérique, en lui-même, ne lui est favorable.

En vertu de cette hypothèse, nous devrions considérer toute l'eau de la lune comme transformée en glace, et notamment toute la partie plus grise et si mystérieuse de sa surface, que de tout temps on a qualifiée du nom de *maria*, comme de l'eau gelée. Alors ses nombreuses inégalités s'expliquent facilement, et les sillons profonds, ordinairement droits, qui la traversent, peuvent être

1. L'expérience de Leslie, exposée par Pouillet (ouvrage cité. t. I, p. 368), est absolument favorable à cette hypothèse. Nous voyons notamment l'eau geler dans les vides aériens, parce que l'évaporation lui a enlevé la chaleur qui lui était nécessaire pour se maintenir liquide.

regardés comme une crevasse béante dans la glace qui s'est fendue : explication à laquelle leur forme est très favorable[1].

Conclure d'ailleurs du manque d'atmosphère et d'eau à l'absence de toute vie, cela n'est pas très sûr : on pourrait même taxer cette conclusion de mesquine, en ce qu'elle repose sur la supposition : « partout comme chez nous[2] ». Le phénomène de la vie animale pourrait probablement se transmettre par une autre voie que la respiration et la circulation du sang : car l'essentiel de toute vie est uniquement le changement constant de la matière dans la persistance de la forme. Nous ne pouvons nous représenter cela, il est vrai, qu'au moyen du liquide et du vaporeux. Mais la matière est avant tout la simple visibilité de la volonté ; or, celle-ci tente partout à accroître de degré en degré son phénomène. Les formes, moyens et voies qu'elle emploie dans ce but peuvent être très variés.

D'autre part, il faut considérer de nouveau que très vraisemblablement les éléments chimiques sont non seulement dans la lune, mais aussi dans toutes les planètes, les mêmes que sur la terre : c'est que le système entier s'est détaché du même brouillard lumineux primordial dans lequel s'étalait notre soleil actuel. Cela

1. Le Père Secchi écrit de Rome, le 6 avril 1858, en envoyant une photographie de la lune : « Très remarquable dans la pleine lune est le fond noir des parties lisses et le grand éclat des parties raboteuses. Doit-on croire celles-ci couvertes de glaces ou de neige? » (Voir *Comptes rendus*, 28 avril 1858).

On lit dans un drame anglais tout récent :

That I could clamber to the frozen moon,
And draw the ladder after me !

(Si je pouvais grimper jusqu'à la lune gelée, et tirer l'échelle derrière moi !)

C'est là un instinct de poète.

2. En français dans le texte.

laisse présupposer au reste une ressemblance aussi avec les phénomènes supérieurs de la volonté.

La cosmogonie extrêmement sagace, c'est-à-dire la théorie de l'origine du système planétaire, que Kant a d'abord exposée dans son *Histoire naturelle du ciel*, en 1755, puis, plus complètement, dans le chapitre VII de sa *Raison convaincante seule possible*, a été développée près de cinquante ans plus tard par Laplace, dans son *Exposition du système du monde*, avec une science astronomique plus grande et plus solidement fondée. Sa vérité ne repose cependant pas seulement sur la base, mise particulièrement en relief par Laplace, de la condition d'espace, en vertu de laquelle quarante-cinq corps célestes circulent tous ensemble dans la même direction et accomplissent en même temps un mouvement de rotation vers cette direction ; elle s'appuie plus fortement encore sur la condition de temps, qui est exprimée par la première et la troisième loi de Kepler, donnant la règle fixe et la formule exacte d'après laquelle toutes les planètes circulent d'autant plus rapidement, d'une façon mathématique, qu'elles sont rapprochées du soleil ; quant à celui-ci, la simple rotation a remplacé la circulation, et il représente maintenant le maximum de la rapidité de cette condition progressive. Lorsque le soleil s'étendait encore jusqu'à Uranus, sa rotation s'effectuait en quatre-vingt quatre années ; aujourd'hui que chacune de ses contractions a augmenté son accélération, elle s'effectue en vingt-cinq jours et demi.

Si les planètes n'étaient pas des parties subsistantes du corps central autrefois si énorme et avaient pris naissance d'une autre façon et chacune en particulier, on ne comprendrait pas comment chaque planète est venue se poser exactement à la place où, conformément aux deux lois de Kepler rappelées, elle doit se poser, pour ne pas ou tomber dans le soleil ou prendre son vol, conformément aux lois de la gravitation et aux lois centrifuges formulées par Newton. Sur ceci repose excellemment la vérité de la cosmogonie de Kant et de Laplace. Si nous considérons, en effet, avec Newton, la circulation des planètes comme le produit de la gravitation et d'une force centrifuge réagissant contre elle, il n'y a pour chaque planète, en admettant sa force centrifuge comme donnée et existante, qu'une seule place où sa gravitation fait précisément contrepoids à celle-ci et où la planète reste en conséquence dans sa limite. C'est donc évidemment une seule et même cause qui a assigné à chaque planète sa place et lui a départi en même temps sa vélocité. Si l'on rapproche une planète du soleil, elle doit, pour n'y pas tomber, courir d'autant plus vite et recevoir conséquemment plus de force centrifuge. Si on l'éloigne du soleil, sa force centrifuge doit être diminuée dans la mesure où l'est en même temps sa gravitation ; autrement la planète prend son vol. Une planète pourrait donc avoir partout sa place, s'il existait une cause qui lui départît la force centrifuge exactement mesurée à chaque place, notamment celle faisant contrepoids à la gravitation qui joue là son rôle. Ainsi, nous voyons que chaque planète possède la vélocité réellement nécessaire pour la place qu'elle occupe : cela s'explique par le fait que la cause qui lui a assigné sa place a déterminé en même temps le degré de sa rapidité. Mais cela n'est saisissable que par la cosmogonie dont nous parlons. D'après elle, le corps central se contracte en arrière et il se forme ainsi un anneau qui se condense ensuite en planète ; conformément à la première et à la troisième loi de Kepler, la rotation du corps central, après chaque contraction, doit fortement s'accélérer, et il abandonne à la planète qui s'est détachée, dans la contraction suivante, la vélocité qui lui est mesurée. Maintenant il peut la poser à n'importe quel endroit de sa sphère ; la planète reçoit toujours exactement la force d'impulsion qui convient à cet endroit et non à tel autre ; et cette force est d'autant plus grande que cet endroit est plus rapproché du corps central, et que plus vigoureuse est la gravitation qui l'entraîne vers lui et contre laquelle doit lutter sa force d'impulsion ; car dans la mesure nécessaire pour cela s'est en même temps augmentée la rapidité de la rotation du corps dont se détachent successivement les planètes.

Celui qui voudrait se représenter matériellement cette accélération nécessaire de la rotation par suite de la concentration, n'a qu'à imaginer plaisamment une grande roue de feu en spirale, qui d'abord tourne lentement, puis toujours de plus en plus vite, à mesure qu'elle devient plus petite.

Kepler a exprimé, dans sa première et sa troisième loi, seulement le rapport de fait entre le détachement d'une planète du soleil et la rapidité de sa course ; cela peut concerner une seule et même planète, à différentes époques, ou deux planètes différentes. Newton, en finissant par accepter l'idée fondamentale de Robert Hooke, qu'il avait commencé par rejeter, a dérivé ce rapport de la gravitation et de son contrepoids, la force centrifuge, et démontré qu'il doit en être ainsi, et pourquoi : c'est que, dans un tel éloignement du corps central, la planète doit avoir cette rapidité même, pour ne pas tomber ou prendre son vol. En série causale descendante, ceci est la *causa efficiens ;*

mais en série causale ascendante, c'est seulement la *causa finalis*. Or, comment la planète est arrivée à recevoir précisément à cet endroit la rapidité exigée, ou, aussi, cette rapidité donnée, à occuper précisément l'endroit où la gravitation lui fait seule contrepoids, cette cause primordiale, cette *causa efficiens* encore plus haute ne nous est révélée que par la cosmogonie de Kant et de Laplace.

C'est elle aussi qui nous fera comprendre un jour la situation à peu près régulière des planètes, que nous n'envisagerons plus seulement comme régulières, mais comme légitimes, c'est-à-dire issues d'une loi naturelle. C'est ce que montre le schéma suivant, connu déjà cent ans avant la découverte d'Uranus, et de là vient que dans la rangée supérieure on double toujours le nombre, et que dans la rangée inférieure on y ajoute 4; après quoi celle-ci représente les distances moyennes approximatives des planètes en conformité passable avec les données en vigueur aujourd'hui :

0.	3.	6.	12.	24.	48.	96.	192.	384.
4.	7.	10.	16.	28.	52.	100.	196.	388.
☿	♀	♁	♂	Planétoïdes	♃	♄	♅	♆

La régularité de cette position est incontestable, quoiqu'elle ne soit exacte qu'approximativement. Peut-être y a-t-il cependant pour chaque planète un endroit de son orbite, entre sa périhélie et son aphélie, où la règle s'applique exactement : cet endroit devrait alors être regardé comme lui appartenant en propre et primordialement. En tout cas, cette régularité plus ou moins exacte doit avoir été une conséquence des forces entrées en activité à la suite de la concentration successive du corps central, et de la nature de la matière primitive qui en constitue le fond. Chaque nouvelle concentration de la masse vaporeuse primitive a été une conséquence de l'accélération de la rotation amenée précédemment par elle; et la zone extérieure ne pouvant plus suivre cette rotation, se sépara et s'arrêta. d'où s'ensuivit une nouvelle concentration qui amena une accélération nouvelle, etc. Le corps central perdant alors de sa grandeur en arrière, l'amplitude de la concentration diminua chaque fois dans la même mesure, à peu près de la moitié de la précédente; il se rétrécit chaque fois de la moitié de son étendue encore existante. Il est d'ailleurs remarquable que la catastrophe ait atteint précisément la plus centrale des planètes, ce qui fait que ses fragments seuls existent encore. Celle-ci formait la borne limitrophe entre les quatre grandes planètes et les quatre petites.

Ceci confirme également la théorie générale d'après laquelle les planètes sont d'autant plus grandes qu'elles sont plus éloignées du soleil; c'est parce que la zone d'où elles sont sorties était d'autant plus grande. (Il s'est trouvé ici néanmoins quelques irrégularités dues à la diversité accidentelle de la largeur de ces zones). Une autre confirmation de la cosmogonie de Kant et de Laplace est fournie par le fait que l'épaisseur des planètes décroît environ dans la mesure de leur éloignement du soleil. Ceci s'explique par cette circonstance que la planète la plus éloignée est un reste du soleil, du temps où il était le plus étendu, par suite le plus vaporeux; puis il se condensa, devint plus épais, et ainsi successivement. Un appui à cette affirmation, c'est que la lune, qui naquit plus tard, de la même manière, par condensation de la terre encore vaporeuse, mais s'étendant en revanche jusqu'à la lune actuelle, n'a aussi que les neuf cinquièmes de l'épaisseur de la terre. Quant au soleil, s'il n'est pas lui-même le corps le plus épais de tout le système, voilà comment cela s'explique : chaque planète est née de la formation postérieure d'un anneau entier en une boule, tandis que le soleil n'est que le résidu non davantage comprimé de ce corps central après sa dernière condensation. Un autre fait confirme spécialement encore la cosmogonie en question : tandis que l'inclinaison de toutes les orbites planétaires vers l'écliptique (orbite de la terre) varie entre trois quarts de degré et 3°5, celle de Mercure atteint 7°66. Cela est presque égal à l'inclinaison de l'équateur du soleil contre l'écliptique, qui atteint 7°30, et s'explique par le fait que le dernier anneau projeté par le soleil est resté presque parallèle à l'équateur de celui-ci, dont il s'est séparé ; tandis que les anneaux antérieurs résultèrent plutôt de l'équilibre, à moins que le soleil, depuis leur séparation, n'ait déplacé son axe de rotation. Déjà Vénus, l'avant-dernière planète, a une inclinaison de 3°5 ; toutes les autres sont même au-dessus de 2°, à l'exception de Saturne, qui en a 2°5 (Voir Humboldt, *Cosmos*, t. III, p. 449). La marche même si étrange de notre lune, où rotation et évolution sont la même chose, de sorte qu'elle nous montre toujours le même côté, n'est explicable que parce que c'est précisément le mouvement d'un anneau qui circule autour de la terre. C'est d'un tel anneau que, par condensation de celui-ci, est née ensuite la lune ; mais sa rotation n'a pas été accélérée, comme celle des planètes, par une impulsion accidentelle.

Ces considérations cosmogoniques nous amènent à deux considérations métaphysiques.

La première, c'est que l'essence de toutes les choses renferme une harmonie grâce à laquelle les forces naturelles les plus primitives, aveugles, grossières, des plus basses, dirigées par la plus inflexible conformité aux lois, ne produisent rien de moindre, par leur conflit avec la matière qui leur est livrée et par les conséquences accidentelles qui les accompagnent, que l'échafaudage d'un monde construit admirablement pour être le lieu de naissance et le séjour d'êtres vivants, d'une perfection que seule la réflexion la plus mûrie, dirigée par l'esprit le plus pénétrant et par le calcul le plus subtil, aurait pu imaginer. Nous voyons donc ici de la façon la plus surprenante comment la *causa efficiens*, la αἰτία ἐξ ἀνάγκης (les causes nécessaires) et la χάρις τοῦ βελτίονος (le don du mieux) d'Aristote, chacune marchant indépendante de l'autre, se rencontrent dans le résultat. Le développement de cette considération et l'explication du phénomène qui y préside, d'après les principes de ma métaphysique, se trouvent dans les Suppléments au *Monde comme volonté et comme représentation*, chap. XXV. Je mentionne la chose ici, pour indiquer simplement qu'elle nous met en mains un schéma à l'aide duquel nous pouvons saisir analogiquement, ou au moins en général, comment les événements accidentels qui interviennent et se croisent dans le cours de la vie de l'individu, s'accordent néanmoins en une harmonie secrète et préétablie, pour amener un ensemble aussi harmonique par rapport à son caractère et à son véritable bien définitif, comme si toute chose n'était là que pour lui, n'était qu'une simple fantasmagorie devant ses yeux. Le chapitre des *Parerga* intitulé : *Spéculation transcendante sur l'apparente préméditation qui règne dans la destinée de chacun*[1], éclaire de plus près ce sujet.

La seconde considération métaphysique provoquée par cette cosmogonie est que même une explication *physique* si étendue soit-elle de la naissance du monde, ne peut néanmoins jamais ou bannir le désir d'une explication métaphysique, ou prendre la place de celle-ci. Au contraire : plus on s'est avancé sur la trace du phénomène, plus on remarque clairement qu'on n'est aux prises qu'avec un phénomène et non avec l'essence des choses en elles-mêmes. Alors s'annonce le besoin d'une métaphysique, comme contrepoids à cette physique poussée si loin. Car tous les matériaux avec lesquels ce monde a été construit devant notre intelligence sont en réalité autant de grandeurs inconnues et se présentent véritablement comme les énigmes et les problèmes de la métaphysique. Il en est ainsi de l'essence intime de ces forces naturelles dont l'action aveugle construit ici d'une façon si appropriée l'échafaudage du monde ; de l'essence intime des matières chimiquement différentes et agissant en conséquence les unes sur les autres, dont le conflit, qu'Ampère a le mieux décrit, a engendré la nature individuelle des planètes isolées, comme la géologie est en train de le démontrer ; enfin de l'essence intime de la force, qui se montre définitivement organisatrice, et produit à la surface extrême des planètes comme un souffle, comme une moisissure, une végétation et une animalisation dont la dernière amène la conscience, partant la connaissance, qui, de nouveau, est la condition du fait entier si heureusement accompli. Tout ce qui le constitue, en effet, n'existe que pour elle, n'existe qu'en elle, n'a de réalité que par rapport à elle ;

1. Voir *Métaphysique et esthétique*, pp. 39 à 72 de notre traduction. A. D.

les faits et leurs modifications mêmes n'ont pu se représenter qu'à l'aide de leurs formes propres (temps, espace, causalité), et n'existent donc aussi pour l'intellect que relativement.

Si l'on doit avouer, d'une part, que tous ces faits physiques, cosmogoniques, chimiques et géologiques, ayant dû nécessairement précéder de beaucoup, en qualité de conditions, l'entrée d'une conscience, existaient aussi avant cette entrée, c'est-à-dire en dehors d'une conscience, on ne peut nier, d'autre part, que ces mêmes faits en dehors d'une conscience, ne pouvant se représenter que dans les formes et à travers les formes de celle-ci, n'existent pas, ne se laissent même pas penser. En tout cas on pourrait dire : la conscience conditionne, grâce à ses formes, les faits physiques dont il est question ; mais à son tour, grâce à sa matière, elle est conditionnée par eux. Au fond cependant tous ces faits, que la cosmogonie et la géologie nous forcent à admettre comme s'étant produits longtemps avant l'existence d'un être conscient quelconque, ne sont qu'une traduction, dans la langue de notre intellect intuitif, de l'essence des choses en soi, qu'il ne peut pas comprendre. Car ces faits là n'ont jamais eu, pas plus que les faits actuels, une existence en soi. La régression de toutes les expériences possibles, qui accompagne les principes *à priori*, mène simplement à eux, en suivant certaines données empiriques ; mais cette régression elle-même n'est que l'enchaînement d'une série de simples phénomènes qui n'ont aucune existence absolue[1].

1. Les *processus* géologiques ayant précédé toute vie sur la terre se sont effectués sans aucune conscience ; non dans la leur, puisqu'ils n'en ont pas ; non dans une conscience étrangère, parce qu'il n'en existait pas. Ils n'avaient donc pas, par manque de tout sujet, d'existence objective, c'est-à-dire qu'ils n'existaient

Aussi ces faits conservent-ils toujours, même dans leur existence empirique, en dépit de la rectitude mécanique et de l'exactitude mathématique des déterminations de leur apparition, un noyau obscur, comme un lourd secret aux aguets dans l'arrière-fond : notamment en ce qui concerne les forces naturelles s'exprimant en eux, la matière primordiale portant ceux-ci, l'existence nécessairement sans commencement, donc incompréhensible, de cette matière. Mais ce noyau

pas du tout ; or, que signifie alors leur « s'être effectué ? » C'est au fond une simple hypothèse. Si, dans ces temps primitifs, une conscience avait existé, de tels *processus* s'y seraient représentés ; c'est à cela que nous conduit le *regressus* des phénomènes. Il appartenait donc à l'essence de la chose en soi de se représenter dans de tels *processus*.

Quand nous disons qu'il y a eu au début un brouillard lumineux qui s'est roulé en boule et a commencé à tourner, ce qui lui a donné la forme d'une lentille, et que sa circonférence la plus extérieure s'est détachée en forme d'anneau, puis roulée en une planète, et que le même fait a continué à se renouveler sans fin, — toute la cosmogonie de Laplace ; si nous y ajoutons ensuite les phénomènes géologiques primitifs jusqu'à l'apparition de la nature organique, tout ce que nous disons là n'est pas vrai au sens véritable, mais est une manière de langage symbolique. Car c'est la description de phénomènes qui, comme tels, n'ont jamais existé : car ce sont des phénomènes d'espace, de temps et de cause qui, comme tels, ne peuvent absolument exister que dans la représentation d'un cerveau qui a pour formes de sa connaissance l'espace, le temps et la causalité, et qui par conséquent, sans ce cerveau, sont impossibles : cette description énonce donc seulement que si, alors, un cerveau avait existé, les *processus* indiqués s'y seraient représentés. Mais ces *processus* ne sont, en eux-mêmes, autre chose que l'obscure et inconsciente aspiration de la volonté à la vie d'après sa première objectivation, volonté qui, maintenant qu'il y a des cerveaux, doit se représenter dans la suite des idées de ceux-ci et moyennant le *regressus* que les formes de leur représentation amènent nécessairement, comme ces phénomènes cosmogoniques et géologiques primaires ; et ceux-ci reçoivent ainsi pour la première fois leur existence objective, qui, pour cette raison, ne répond pas moins à l'existence subjective que si elle était apparue en même temps que celle-ci, au lieu de n'être apparue que des milliers et des milliers d'années après elle.

obscur, il est impossible de le mettre à jour par voie empirique. Ici alors doit intervenir la métaphysique, qui nous fait connaître au fond de notre propre être que le noyau de toutes choses est dans la volonté. Kant a dit aussi en ce sens : « Il saute aux yeux que les toutes premières sources des effets de la nature doivent être une réprobation absolue de la métaphysique ». (*De la véritable estimation des forces vivantes,* § 51).

Donc, envisagée au point de vue indiqué ici, qui est celui de la métaphysique, cette explication physique du monde, obtenue avec une si forte dépense de peine et de perspicacité, apparaît insuffisante, voire superficielle, et n'est guère qu'une fausse explication ; c'est qu'elle ramène simplement à des grandeurs inconnues, à des *qualitates occultæ*. On peut la comparer à une force simplement en surface, qui ne pénètre pas à l'intérieur, comme l'électricité, par exemple ; ou même au papier-monnaie qui n'a qu'une valeur relative, présupposée par une autre plus réelle (Je renvoie à ce sujet à l'exposé plus complet des Suppléments au *Monde comme volonté et comme représentation,* chap. XVII). Il y a en Allemagne de plats empiriques qui prétendent faire croire à leurs lecteurs qu'il n'existe pas autre chose que la nature et ses lois. Cela est inadmissible : la nature n'est pas une chose en soi, et ses lois n'ont rien d'absolu.

Si l'on réunit par la pensée la cosmogonie de Kant et de Laplace, la géologie de Deluc jusqu'à celle d'Élie de Beaumont, la procréation primordiale des végétaux et des animaux avec le commentaire de ses conséquences : botanique, zoologie et physiologie, on se trouve en présence d'une histoire complète de la nature, en ce qu'on aperçoit dans son ensemble le phénomène du monde empiriquement donné : mais en même temps se pose le problème de la métaphysique. Si la simple physique pouvait le résoudre, ce serait déjà fait. Mais c'est à jamais impossible. Les deux points mentionnés plus haut : l'essence en soi des forces naturelles et la conditionnalité du monde objectif par l'intellect, auxquelles il convient d'ajouter l'absence de commencement *à priori* aussi bien de la série causale que de la matière, enlèvent à la physique toute indépendance, ou bien sont la tige autour de laquelle leur lotus prend racine sur le sol de la métaphysique.

Les derniers résultats de la géologie par rapport à ma métaphysique pourraient, en raccourci, se formuler comme je vais l'indiquer.

Dans la toute première période du globe terrestre, celle antérieure au granit, l'objectivation de la volonté de vivre s'est limitée à ses degrés les plus inférieurs, c'est-à-dire aux forces de la nature inorganique ; elle s'y est alors manifestée dans le style le plus grandiose et avec une impétuosité aveugle. En effet, les matières primitives déjà différenciées chimiquement entrèrent dans un conflit ayant pour théâtre non la simple surface de la planète, mais sa masse entière, et dont les phénomènes ont dû être si colossaux, qu'aucune force d'imagination n'est capable de les imaginer. Les développements lumineux accompagnant ces gigantesques manifestations chimiques auront été visibles de chaque planète de notre système, tandis que les détonations s'y produisant, qui auraient déchiré toutes les oreilles, ne pouvaient parvenir au-dessus de l'atmosphère. Quand cette lutte titanique eut enfin cessé et que le granit eut couvert les combattants en guise de pierre tumulaire, après la pause nécessaire et l'intermède des sédiments neptuniens, la volonté de vivre, contrastant violemment avec l'état des choses, se manifesta, au degré suivant le plus élevé, dans la forme muette et paisible d'un simple monde végétal ; et cette vie à son tour s'affirma, en proportions colossales, dans les forêts immenses s'élevant jusqu'aux nues, dont les débris, après des myriades d'années, nous approvisionnent inépuisablement de charbon. Ce monde végétal décarbonisa peu à peu l'air, qui devint accessible à la vie animale. La paix longue et profonde de cette période sans animaux dura jusque là, et se termina par une révolution de la nature qui détruisit ce paradis végétal, en ensevelissant les forêts. L'air étant devenu pur, le troisième grand degré d'objectivation de la volonté de vivre s'affirma par le monde végétal : poissons et cétacés dans la mer, mais sur terre rien encore que des reptiles, quoique de taille gigantesque. De nouveau retomba le rideau du monde, et alors s'ensuivit l'objectivation supérieure de la volonté dans la vie des animaux terrestres à sang chaud, — de ceux d'ailleurs dont les genres n'existent même plus, et qui étaient pour la plupart des pachydermes. Après une nouvelle destruction de la surface de la terre avec tout ce qu'elle renfermait de vivant, la vie se ralluma une fois encore : la volonté de vivre s'objectiva dans un monde animal offrant des formes bien plus nombreuses et bien plus variées, et dont les genres existent toujours, si l'espèce n'existe plus. L'objectivation de la volonté de vivre, devenue plus parfaite par cette multiplicité et cette variété des formes, s'éleva déjà jusqu'au singe. Mais ce monde antérieur dut disparaître, lui aussi, pour faire place, sur un sol renouvelé, à la population actuelle, dans laquelle l'objectivation a atteint le degré de l'humanité.

Une intéressante considération accessoire, c'est celle-ci : comment chacune des planètes tournant autour des innombrables soleils dans l'espace, quoique encore dans son stade chimique, où s'offre le spectacle de la terrible lutte des puissances les plus grossières, à moins qu'il ne se trouve dans les intervalles paisibles, peut-elle recéler néanmoins déjà dans son intérieur les forces mystérieuses d'où surgiront un jour, dans la multiplicité inépuisable de leurs formes, le monde des plantes et des animaux, et pour lesquelles cette lutte n'est qu'un prologue, en ce qu'il leur prépare la scène et les conditions de leur entrée ? On a peine à s'empêcher d'admettre que ce qui se déchaîne dans ces vagues de feu et d'eau, et qui plus tard animera cette flore et cette faune, soit la même chose.

Quant à l'atteinte du dernier degré, — de l'humanité, — elle doit être, à mon avis, l'atteinte finale. La possibilité de la négation de la volonté. c'est-à-dire de la volte-face de toute l'histoire, l'a en effet déjà pénétrée : alors cette *divina commedia* prend fin. Si donc aucune raison physique ne garantit qu'une nouvelle catastrophe cosmogonique n'aura pas lieu, celle-ci a contre elle une raison morale : elle n'aurait maintenant pas de but, l'essence intérieure du monde n'ayant pas actuellement besoin d'une objectivation supérieure pour tenter sa délivrance. Or, le point de vue moral est le noyau, ou la base fondamentale de l'affaire, si peu que les purs physiciens puissent comprendre ceci.

Pour apprécier dans sa grandeur le système de la gravitation élevé en tout cas par Newton jusqu'à la perfection et à la certitude, on doit se rappeler dans quel embarras se trouvaient depuis des milliers d'années les penseurs à l'égard de l'origine du mouvement des corps célestes. Aristote faisait consister le monde en sphères transparentes emboîtées les unes dans les autres, dont la première portait les étoiles fixes, les suivantes chacune une planète, et la dernière la lune; le noyau de la machine était la terre. Mais quelle force met incessamment en mouvement cette lyre, voilà la question à laquelle il ne trouvait d'autre réponse qu'un πρῶτον κινοῦν (première impulsion) quelconque. Cette réponse l'a fait ranger plus tard aimablement parmi les déistes, tandis qu'il n'enseigne aucun Dieu créateur, mais plutôt l'éternité du monde et simplement une première force de mouvement qui actionne la lyre mentionnée. Mais même après que Copernic eut substitué à cette fabuleuse construction de la machine du monde la construction exacte, et que Kepler eut découvert les lois de son mouvement, la vieille perplexité à l'égard de la force motrice continua à subsister. Déjà Aristote avait assigné à chacune des sphères autant de dieux dirigeants. Les scolastiques avaient transféré cette direction à certaines « intelligences », — mot simplement plus noble pour désigner les anges, — dont chacune conduisait sa planète. Plus tard, des libres-penseurs comme Giordano Bruno et Vanini ne surent non plus rien imaginer de mieux que de faire des planètes une espèce d'êtres vivants et divins. Ensuite vint Descartes, qui voulait tout expliquer mécaniquement, mais qui ne connaissait point d'autre force motrice que l'impulsion. Il admit en conséquence une matière invisible et impalpable, qui tournait par couches autour du soleil et poussait en avant les planètes : ce sont les tourbillons.

Mais combien tout cela est enfantin et lourd, et quelle n'est pas la valeur du système de la gravitation, qui a démontré irréfragablement les causes primordiales motrices ainsi que les forces actives en elles! et cela avec une certitude et une exactitude telles, que la moindre aberration et la moindre erreur, la moindre accélération ou le moindre ralentissement dans la course d'une planète ou d'un satellite s'expliquent parfaitement et se calculent exactement, en remontant à leur cause primordiale.

Aussi l'idée de faire de la gravitation, qui ne nous est connue directement que comme pesanteur, le lien qui retient le système planétaire, a-t-elle tant d'importance, vu les résultats qui s'y attachent, que la recherche de son origine ne doit pas être écartée comme indifférente; d'autant plus que nous devrions nous efforcer d'être justes au moins en tant que postérité, puisque nous le pouvons si rarement en tant que contemporains.

On sait que, lorsque Newton publia ses *Principia*, en 1686, Robert Hooke revendiqua à grands cris la priorité de l'idée fondamentale; comme aussi que ses plaintes amères et d'autres venant d'ailleurs arrachèrent à Newton la promesse de mentionner le fait dans la première édition complète de son livre, l'année suivante. C'est ce qu'il a fait, aussi brièvement que possible et entre parenthèses, dans une scolie (I, propos. 4, corollaire 6) : *Ut seorsum collegerunt etiam nostrates Wrennus, Hookius et Hallæus.*

Dès l'année 1666, Hooke avait formulé l'essentiel du système de la gravitation, bien que seulement à l'état d'hypothèse, dans une communication à la Société royale. C'est ce qui résulte du passage principal de celle-ci, reproduit dans la *Philosophie de l'esprit humain* (t. II, p. 434), de Dugald-Stewart. La *Quarterly Review* du mois d'août 1828 renferme une gentille histoire concise de l'astronomie, qui attribue sans conteste la priorité à Hooke.

Dans la *Biographie universelle* de Michaud, qui se compose de près de cent volumes, l'article « Newton » semble être une traduction de la *Biographie britannique*, sur laquelle il s'appuie. Il donne la description du système céleste d'après la loi de la gravitation, en citant textuellement et explicitement le travail de Robert Hooke : *An Attempt to prove the Motion of the Earth from Observations* (Londres, 1674, in-4°). L'article dit ensuite que l'idée en vertu de laquelle la pesanteur s'étend à tous les corps célestes, se trouve déjà formulée dans la *Theoria motus planetarum e causis physicis deducta*, de Borelli (Florence, 1666). Enfin il y a encore la longue réponse de Newton à Hooke au sujet de la priorité réclamée par celui-ci.

En revanche, l'histoire de la pomme répétée jusqu'à satiété est dépourvue d'autorité. On la trouve pour la première fois, comme un fait connu, dans l'*History of Grantham* (p. 160), de Turnor. Pemberton, qui a encore connu Newton, alors très avancé en âge, raconte, il est vrai, dans la Préface de sa *Wiew of Newton's Philosophy*, que celui-ci eut la première idée de son système dans un jardin ; mais il ne parle pas de la pomme, qu'on ajouta plus tard plausiblement. Voltaire prétend avoir appris cette histoire de la bouche de la nièce de Newton : c'est probablement la source de celle-ci. (Voltaire, *Éléments de la philosophie de Newton*, IIe partie, chap. III). Dans le *Don Juan* de lord Byron (chant X, stance 1) on lit cette note : « Le célèbre pommier dont une des pommes, en tombant, attira, dit-on, l'attention de Newton vers le problème de la gravitation, a été renversé par le vent il y a environ quatre ans. L'anecdote de la chute de la pomme n'est mentionnée ni par le Dr Stukeley ni par M. Conduit, de sorte que, dans l'impossibilité de m'appuyer sur une autorité, je ne me suis pas senti libre de l'affirmer ». (Brewster, *Life of Newton*, p. 344).

A toutes ces autorités contredisant l'hypothèse que la grande idée de la gravitation universelle soit sœur de la théorie radicalement fausse de l'homogénéité de la lumière, j'ajouterai un argument purement psychologique, il est vrai, mais qui aura un grand poids pour ceux qui connaissent la nature humaine aussi sous le rapport intellectuel.

C'est un fait connu et hors de discussion que de très bonne heure, dès 1666, prétend-on, par ses propres moyens ou par des moyens étrangers, Newton conçut le système de la gravitation, puis, l'appliquant au cours de la lune, chercha à le vérifier; mais le résultat ne concordant pas exactement avec l'hypothèse, il abandonna celle-ci et ne s'occupa plus de la chose pendant de longues années. On ne connait pas moins l'origine de l'erreur qui le détourna d'abord de sa recherche. Elle provenait de ce qu'il avait évalué la distance de la lune jusqu'à nous environ un septième au-dessous de sa grandeur, et cela parce que cette distance ne peut être calculée qu'en rayons terrestres ; le rayon terrestre à son tour est calculé d'après l'étendue des degrés de la circonférence de la terre, qui, seuls, sont directement mesurés. Or, Newton accepta en chiffres ronds, d'après les données géographiques vulgaires, le degré à soixante milles anglais, tandis qu'en réalité il compte soixante-neuf milles et demi. Il résulta de là que le cours de la lune ne concorda pas exactement avec l'hypothèse de la gravitation, en tant que force qui diminue d'après le carré de la distance. Voilà pourquoi Newton abandonna son hypothèse. Seize ans à peu près plus tard, en 1682, il apprit par hasard le résultat de la graduation accomplie depuis quelques années déjà par le Français Picard, et d'après laquelle le degré était d'environ un septième plus grand qu'il ne l'avait autrefois admis. Sans attacher à la chose une importance particulière, il la nota à part lui dans une séance de l'Académie, où elle lui fut communiquée par une lettre, et écouta ensuite attentivement, sans se laisser distraire par ce qu'il venait d'entendre, le compte rendu qui en fut donné. Ce n'est qu'ensuite qu'il se rappela son ancienne hypothèse : il reprit ses calculs à son sujet et trouva alors l'état de choses répondant exactement à celle-ci, ce qui, on le sait, le fit tomber dans une grande extase.

Maintenant, je le demande à tous ceux qui sont pères, qui créent, nourrissent et soignent eux-mêmes des hypothèses : Se comporte-t-on ainsi avec ses enfants ? les chasse-t-on ainsi sans pitié immédiatement de la maison, si tout ne marche pas du premier coup, pousse-t-on la porte derrière eux, et, pendant seize ans, ne s'inquiète-t-on plus de leur sort ? Dans un cas comme celui-ci, avant de prononcer ce mot plein d'amertume : « Il n'y a rien à faire ! », ne supposera-t-on pas un défaut partout, fût-ce même dans la création du bon Dieu, plutôt que chez son enfant, créé et nourri par soi-même ? Et ici précisément, où la suspicion était si bien à sa place, notamment dans l'unique donnée empirique (à côté d'un angle visé) qui formait la base du calcul, et dont l'incertitude était si connue, que dès 1669 les Français avaient déjà opéré leur graduation ! Or, cette donnée difficile, nous l'avons dit, Newton l'avait acceptée tout simplement en milles anglais, d'après le calcul vulgaire. Et c'est ainsi qu'on en agit avec une hypothèse vraie qui explique l'univers? Jamais, si cette hypothèse vous appartient en propre! Pour ma part, je dis à ceux à l'égard desquels on se comporte ainsi : « Vous êtes des enfants étrangers mal vus dans la maison, qu'on regarde de travers et avec défaveur, en s'appuyant sur le bras d'une épouse stérile qui n'a enfanté qu'une seule fois, mais un monstre, et l'on vous soumet à l'épreuve simplement d'office, en espérant que vous n'y résisterez pas ; mais si le contraire advient, on vous expulse de la maison avec des rires de mépris ».

Cet argument est, pour moi du moins, d'un tel poids, qu'il me confirme pleinement dans la croyance que l'idée fondamentale de la gravitation doit être attribuée à Hooke, et que Newton l'a simplement vérifiée par ses calculs. Le pauvre Hooke a donc partagé le sort de Christophe Colomb; on ne connait que l'« Amérique » et le système de la gravitation « newtonien ».

Quant à ce qui concerne le monstre septicolore mentionné plus haut, le fait que, quarante ans après la publication de la *Théorie des couleurs* de Gœthe, il jouit toujours d'un plein prestige et que la vieille litanie du *foramen exiguum* et des sept couleurs continue, contre toute évidence, à se faire entendre, ce fait pourrait m'abuser ; mais j'ai depuis très longtemps l'habitude de ranger le jugement des contemporains parmi les choses impondérables. Aussi ne vois-je en ceci qu'une preuve du caractère triste et fâcheux des physiciens de profession d'une part, et, de l'autre, du public soi-disant cultivé, qui, au lieu d'examiner ce qu'a dit un grand homme, répète crédulement, d'après ces bousilleurs, que la théorie des couleurs de Gœthe est une tentative avortée et sans valeur, une faiblesse digne de l'oubli.

Le fait évident des coquilles fossiles, déjà connu de l'éléate Xénophane et expliqué exactement par lui d'une façon générale, est combattu et nié par Voltaire, qui le déclare chimérique. (Voir Brandis, *Commentationes Eleaticæ*, 1813, p. 50, et Voltaire, *Dictionnaire philosophique*, article *Coquille*). C'est qu'il éprouvait une grande répugnance à admettre tout ce qui pouvait aider à la confirmation, en ce sens, des récits de Moïse sur le déluge. Exemple qui nous montre combien l'esprit de parti peut nous égarer.

Une pétrification complète est une modification chimique totale, sans rien de mécanique.

Quand, pour jeter un coup d'œil ravi sur les incunables du globe terrestre, je considère un fragment récent de granit, il ne me vient pas à l'esprit que ce morceau de pierre a été créé par fusion et cristallisation, par la voie sèche, ni par sublimation, et pas davantage par sédiment ; il me semble au contraire qu'il doit sa naissance à un *processus* chimique de toute autre espèce, qui actuellement ne s'effectue plus. Ma meilleure conception de la chose, c'est celle de la combustion rapide et simultanée d'un mélange de métalloïdes, mêlé à l'affinité élective, immédiatement active, des produits de cette combustion. A-t-on jamais essayé de mélanger ensemble silicium, aluminium, etc., dans la proportion où ils constituent les radicaux de la terre des trois parties composantes du granit, et ensuite de les faire brûler rapidement sous l'eau ou à l'air?

Parmi les exemples de *generatio æquivoca* visibles à

l'œil nu, le plus banal est la pousse de champignons partout où pourrit un corps végétal mort, tronc, branche ou racine ; et à nul autre endroit que là, puis, en règle générale, non isolément, mais par tas; de sorte que, selon toute apparence, ce n'est pas un grain de semence (*spora*) jeté çà et là par le hasard aveugle qui a déterminé la place, mais le corps pourrissant là, qui a offert à la volonté omniprésente de vivre une matière appropriée dont celle-ci s'empare immédiatement. Que ces champignons se propagent dans la suite par spores, cela n'infirme pas ce que je viens de dire ; car cela s'applique à tous les êtres animés qui ont de la semence, et qui pourtant doivent être nés un jour sans semence.

La comparaison des poissons d'eau douce dans des pays très éloignés les uns des autres, témoigne peut-être le plus clairement de la force créatrice originelle de la nature, qui s'est exercée d'une manière analogue partout où les lieux et les circonstances sont analogues. Une latitude et une longitude à peu près semblables, comme aussi des cours d'eau d'une étendue et d'une profondeur à peu près égales, donneront, même à des endroits très éloignés les uns des autres, ou absolument les mêmes espèces de poissons, ou des espèces très rapprochées. On n'a qu'à songer aux truites dans les ruisseaux de presque toutes les montagnes. Supposer qu'on les y a placées de propos délibéré, c'est, dans la plupart des cas, inadmissible. Leur diffusion par des oiseaux qui mangeraient le frai, mais ne le digéreraient pas, ne s'effectuerait pas à de grandes distances : car la digestion de ceux-ci dure moins longtemps que leur voyage. Je voudrais savoir aussi si la non digestion, c'est-à-dire une nourriture non appropriée, a également sa raison d'être. Nous digérons très bien le caviar, et le gésier comme l'estomac des oiseaux sont même organisés en vue de la digestion des graines dures. Si l'on prétend ramener l'origine des poissons d'eau douce à la dernière grande inondation universelle, on oublie que celle-ci consistait en eau de mer, et non en eau douce.

Nous ne comprenons pas mieux la formation des cristaux cubiques par l'eau salée que celle du poulet par la fluidité de l'œuf; et, entre ce dernier et la *generatio æquivoca*, Lamarck ne consentait à trouver aucune différence essentielle. Cependant il en existe une : chaque œuf ne produisant qu'une seule espèce déterminée, c'est là une *generatio univoca* (ἐξ ὁμωνύμου. Aristote, *Métaphysique*, Z, 25). On pourrait objecter de nouveau ici que chaque infusion nettement déterminée n'engendre d'ordinaire aussi qu'une espèce déterminée d'animaux microscopiques.

En présence des problèmes excessivement ardus dont la solution est presque désespérante, nous devons tirer le meilleur avantage possible des maigres données que nous possédons, pour arriver pourtant à quelque chose, grâce à leur combinaison.

Dans la *Chronique des épidémies* (*Chronik der Seuchen*), publiée par Schnurrer en 1825, nous trouvons qu'après que la peste noire eut dépeuplé, au XIVe siècle, toute l'Europe, une grande partie de l'Asie et de l'Afrique, il s'ensuivit immédiatement une extraordinaire fécondité de la race humaine, et que notamment les accouchements jumellaires devinrent très fréquents. En conformité de cette constatation, Casper nous apprend, dans son livre *Sur la durée vraisemblable de la vie de l'homme* (1835), en s'appuyant sur des expériences à plusieurs reprises répétées, que la mortalité et la longévité de la population donnée d'un district y sont toujours en rapport égal avec le nombre des naissances ; de sorte que les décès et les naissances augmentent et diminuent toujours et partout dans la même mesure, ce que l'auteur met hors de doute, à l'aide de preuves nombreuses empruntées à beaucoup de pays et à leurs diverses provinces. Mais il se trompe en ce qu'il confond généralement la cause et l'effet, regardant l'augmentation des naissances comme la cause de l'augmentation des décès. D'après ma conviction, au contraire, et en accord avec le phénomène mentionné par Schnurrer, qui ne paraît pas connu, c'est, à l'inverse, l'augmentation des décès qui entraîne l'augmentation des naissances, non par une influence physique, mais par un rapport métaphysique. C'est ce que j'ai déjà expliqué dans les Suppléments au *Monde comme volonté et comme représentation* (livre IV, chap. XLI). Ainsi, en somme, le nombre des naissances dépend du nombre des décès.

Par conséquent, en vertu d'une loi naturelle, la force prolifique de la race humaine, qui n'est qu'une face spéciale de la force génésique de la nature en général, s'augmenterait par une cause qui la combat, c'est-à-dire croîtrait avec la résistance ; on pourrait donc, *mutatis mutandis*, faire rentrer cette loi dans celle de Mariotte, à savoir que la compression augmente la résistance à l'infini. Admettons maintenant que cette cause hostile à la force prolifique atteigne un jour, par des dévastations, — épidémies, révolutions de la nature, etc., — une grandeur et une activité encore sans exemples jusque-là ; en ce cas, la force prolifique devrait, elle aussi, s'élever plus tard à une hauteur encore absolument inconnue. Si, finalement, nous allons jusqu'au point extrême de l'accroissement de la force hostile, c'est-à-dire jusqu'à la complète extirpation de la race humaine, la force prolifique ainsi comprimée atteindra aussi une vigueur proportionnée à la compression, ce qui revient à dire qu'elle subira une tension dirigeant ce qui maintenant paraît impossible ; en un mot, la *generatio univoca*, c'est-à-dire la procréation d'un être pareil par un être pareil lui étant interdite, elle se jetterait sur la *generatio æquivoca*. Mais on ne peut plus imaginer celle-ci aux degrés supérieurs du règne animal, comme on se la représente aux degrés tout à fait infimes. La forme du lion, du loup, de l'éléphant, du singe, ou même de l'homme, ne peut absolument pas avoir pris naissance à la façon de celle des infusoires, des entozoaires et des épizoaires, et s'être développée du limon de la mer fécondé par le soleil et se coagulant, d'un mucus, ou d'une masse organique en décomposition ; on ne peut se la représenter que comme *generatio in utero heterogeneo*. C'est-à-dire que l'utérus, ou plutôt l'œuf d'un couple animal particulièrement favorisé, après que la force vitale de son espèce, entravée par n'importe quoi, s'est entassée en lui et a atteint des proportions anormales, aurait produit un jour exceptionnellement, à l'heure voulue, les planètes étant dans leur situation exacte et toutes les influences atmosphériques, telluriennes et astrales se rencontrant favorablement, non plus son pareil, mais la forme la plus apparentée à lui, quoique d'un degré plus élevé ; de sorte que ce couple, cette fois, aurait engendré non un simple individu, mais une espèce. Des faits de cet ordre n'ont pu naturellement se produire qu'après que les animaux les plus inférieurs ont surgi à la lumière, par la *generatio æquivoca* habituelle, de la putréfaction organique ou du tissu cellulaire des plantes vivantes, comme premiers messagers et sergents-fourriers des générations animales à venir. Un tel fait a dû se passer après chacune de ces grandes révolutions du globe qui, trois fois déjà au moins, ont entièrement éteint toute vie sur la planète, de sorte qu'elle dut se rallumer de nouveau, après quoi elle laissa apparaître chaque fois des formes plus parfaites, c'est-à-dire plus rapprochées de la faune actuelle. Mais seulement dans la série animale postérieure à la dernière grande catastrophe de la surface terrestre, ce fait s'est affirmé jusqu'à la naissance de la race humaine, alors que la catastrophe précédente avait déjà produit le singe. Les batraciens vivent sous nos yeux à la manière des poissons, avant qu'ils aient revêtu leur forme propre complète, et d'après une constatation aujourd'hui assez générale, chaque fœtus parcourt également d'une façon successive les formes des classes au-dessous de son espèce, jusqu'à ce qu'il parvienne à la sienne. Or, pourquoi chaque nouvelle espèce supérieure ne résulterait-elle pas du fait que cet accroissement de la forme du fœtus a encore dépassé un jour d'un degré la forme de la mère qui le portait? C'est le seul mode rationnel, c'est-à-dire raisonnablement imaginable, de naissance de l'espèce.

Il faut toutefois nous représenter cet accroissement non en une ligne unique, mais en plusieurs lignes ascendantes. Ainsi, par exemple, un œuf de poisson a produit une fois un ophidien, une autre fois un saurien, l'œuf d'un autre poisson un batracien, puis un chélonien, celui d'un troisième un cétacé, peut-être un dauphin ; plus tard un cétacé a enfanté un phoque, et le phoque un morse ; et peut-être de l'œuf du canard est sorti l'ornithorynque, et de l'œuf d'une autruche un grand mammifère quelconque. Le fait doit d'ailleurs s'être produit dans beaucoup de contrées du globe simultanément et dans une indépendance réciproque ; mais partout par degrés immédiatement nets et déterminés, dont chacun a donné une espèce fixe et durable, et non par transitions successives effacées ; en un mot, non par analogie avec un son montant peu à peu de l'octave inférieure jusqu'à la plus haute, et produisant en conséquence un hurlement, mais d'après une gamme s'élevant en mesures déterminées. Nous ne voulons pas nous dissimuler qu'après cela nous devrions nous représenter les premiers hommes comme nés en Asie du pongo (dont le petit se nomme l'orang-outang), et en Afrique du chimpanzé, quoiqu'ils ne soient pas nés singes, mais immédiatement hommes. Chose curieuse, un mythe bouddhique lui-même assigne la même origine. (Voir J.-J. Schmidt, *Recherches sur les Mongols et les Thibétains* (en allemand), pp. 210-214 ; Klaproth, *Fragments bouddhiques* (*Nouveau Journal asiatique*, mars 1831), et Köppens, *La hiérarchie lamaïque* (en allemand), p. 45).

L'idée formulée ici d'une *generatio æquivoca in utero heterogeneo* a été d'abord exposée par l'auteur anonyme des *Vestiges of the Natural History of Creation*[1] (6e édition, 1847), quoique sans aucune clarté ni décision ; il l'a en effet étroitement entremêlée d'hypothèses insoutenables et de grandes erreurs provenant de ce que chez lui, Anglais, toute hypothèse dépassant la

1. Robert Chambers (1802-1871), l'un des fondateurs de la grande maison d'éditions toujours existante. Les *Vestiges de l'histoire naturelle de la création*, publiés en 1844, préparèrent la voie aux idées de Darwin. (*Le trad.*)

pure physique, c'est-à-dire métaphysique, se heurt aussitôt au théisme hébraïque ; et pour éviter celui-c il étend indûment le domaine de la physique. C'es ainsi qu'un Anglais, dans son grossier mépris de tout philosophie spéculative, ou métaphysique, est inca pable de concevoir intellectuellement la nature ; il n connaît en conséquence pas de milieu entre une con ception de son action ou comme nécessité sévère e même mécanique qui suit son cours, ou comme l fabrication bien raisonnée à l'avance du Dieu de Hébreux, qu'il nomme son *maker* (faiseur). Les calo tins d'Angleterre, les plus rusés de tous les obscuran tistes, sont responsables de la chose. Ils y ont arrang les cerveaux de telle sorte, que même les plus cultivés e les plus éclairés de ceux-ci renferment, comme systèm d'idées fondamental, un mélange du plus épais maté rialisme joint à la plus niaise superstition judaïque qui, secoués tous deux comme l'huile avec le vinaigre peuvent constater comment ils s'entendent ; de sort que, par suite de l'éducation d'Oxford, milords et *gent lemen* appartiennent en réalité à la populace. Mais i n'en ira pas mieux, tant que les bœufs orthodoxe d'Oxford achèveront l'éducation des classes cultivées Même en l'année 1859, nous voyons le Français améri canisé Agassiz[1] s'en tenir au même point de vue, dan son *Essay on Classification*. Lui aussi se trouve plac devant la même alternative : ou bien le monde orga

1. Agassiz (Jean-Louis) n'était pas Français, mais Suisse. Né Motiers, dans le canton de Fribourg, en 1807, il étudia à Zurich Heidelberg, Munich, Paris, et, à la suite d'une série de confé rences scientifiques dans les principales villes des Etats-Unis, fu nommé, en 1848, professeur d'histoire naturelle à l'Université d Harvard, à laquelle il légua ses importantes collections. Il mou rut à Cambridge en 1873. (*Le trad.*)

nique est l'œuvre du pur hasard, qui l'aurait rassemblé arbitrairement comme un jeu naturel de forces physiques ou chimiques ; ou bien il est une œuvre d'art habilement créée à la lumière de la connaissance (cette *functio animalis*), à la suite de la réflexion et du calcul.

Cette alternative est fausse dans un sens comme dans l'autre ; elle repose sur un réalisme naïf qui, quatre-vingts ans après l'apparition de Kant, est tout bonnement honteux. Agassiz philosophe donc sur l'origine des êtres organiques comme un savetier américain. Quand ces messieurs n'ont rien appris et ne veulent rien apprendre de plus que leur science naturelle, ils ne doivent pas faire, dans leurs écrits, un pas au delà de celle-ci ; qu'ils s'en tiennent *strictissime* à leur empirisme, afin de ne pas se prostituer et de servir de cible aux railleries, comme M. Agassiz, en parlant de l'origine de la nature à la façon dont en parlent les vieilles femmes.

Une autre conséquence de cette loi posée par Schnurrer et Casper, serait la suivante. Il est manifeste que dans la mesure où nous parviendrions, par l'emploi le plus sage et le plus attentif de toutes les forces naturelles et des ressources de chaque région, à atténuer la misère des classes les plus inférieures, le nombre de ces prolétaires si bien nommés s'augmenterait, ce qui ramènerait toujours la misère. Car l'instinct sexuel favorise toujours les affaires de la faim, comme celle-ci, quand celui-là est satisfait, les affaires de l'instinct sexuel. Maintenant la loi antérieure nous garantirait que la chose ne peut pas être poussée jusqu'à un véritable excès de population du globe terrestre, un mal dont l'imagination la plus vive peut à peine se représenter la monstruosité. Conformément à la loi en question, après que la terre aurait vu naître autant d'êtres humains qu'elle est tout au juste en état d'en nourrir, la fécondité de l'espèce aurait, pendant ce temps, décru jusqu'au degré où elle serait à peine en état de suppléer aux décès ; après quoi chaque augmentation accidentelle de ceux-ci ramènerait la population au-dessous du maximum.

Sur différentes parties de la terre, la même espèce végétale et animale, ou une espèce analogue, a pris naissance dans des conditions climatériques, topographiques et atmosphériques semblables ou analogues. Aussi quelques espèces sont-elles très semblables entre elles, sans être cependant identiques (c'est là l'idée proprement dite du *genus*), et plusieurs se divisent en races et en variétés qui ne peuvent être sorties les unes des autres, bien que l'espèce reste la même. Car unité de l'espèce n'implique nullement unité de l'origine et dérivation d'un couple unique. C'est là une supposition absurde. Qui croira que tous les chênes descendent d'un premier chêne unique, toutes les souris d'un premier couple de souris, tous les loups d'un premier loup ? La nature renouvelle simplement, dans des circonstances semblables, mais dans des endroits différents, le même *processus*, et est beaucoup trop prévoyante pour laisser devenir tout à fait précaire l'existence d'une espèce, surtout des genres supérieurs, en jouant celle-ci sur une carte unique et en exposant ainsi à mille hasards son œuvre péniblement arrivée à gestation. Elle sait au contraire ce qu'elle veut, le veut énergiquement, et se met au travail en conséquence. Mais la circonstance n'est jamais absolument unique.

L'éléphant africain jamais dressé, dont les oreilles,

très larges et très longues, couvrent le cou, et dont la femelle a également des défenses, ne peut descendre de l'éléphant asiatique si docile et si intelligent, dont la femelle n'a pas de défenses, et dont les oreilles sont infiniment moins grandes. De même l'alligator américain ne descend pas du crocodile du Nil, vu que tous deux diffèrent par les dents et le nombre des taches sur le cou, et le nègre ne peut pas descendre davantage de la race caucasique.

Cependant la race humaine a pris naissance très vraisemblablement seulement en trois endroits. Nous ne possédons en effet que trois types nettement différenciés qui indiquent des races originelles : les types caucasique, mongolien et éthiopien. Et cette origine n'a pu s'effectuer que dans l'ancien monde. Car en Australie la nature n'a pu produire aucun singe, en Amérique elle a produit les guenons à longue queue, mais non les races de singes à courte queue, à plus forte raison les races supérieures sans queue, qui occupent le premier rang après l'homme. *Natura non facit saltus.* Ensuite, la naissance de l'homme n'a pu avoir lieu qu'entre les tropiques, parce que, dans les autres zones, il aurait péri dès le premier hiver. Quoique non privé de soins maternels, il avait grandi sans enseignements et n'avait hérité des connaissances d'aucun ancêtre. Le nourrisson de la nature devait donc d'abord reposer sur son sein généreux, avant qu'elle put le lancer dans l'âpre monde. Dans les zones chaudes, l'homme est noir ou tout au moins brun foncé. C'est donc là, sans distinction de race, la véritable couleur naturelle et particulière de la race humaine, et il n'y a jamais eu de race naturellement blanche. Parler d'une telle race et partager puérilement les hommes en race blanche, jaune et noire, comme le font encore tous les livres, c'est témoigner d'une grande étroitesse d'esprit et d'un manque de réflexion. Déjà dans les Suppléments au *Monde comme volonté et comme représentation* (chap. XLIV), j'ai étudié rapidement le sujet et émis l'opinion que jamais un homme blanc n'est sorti originairement du sein de la nature. Entre les tropiques seulement l'homme est chez lui, et là il est partout noir ou brun foncé ; il n'y a d'exceptions qu'en Amérique, parce que cette partie du monde a été peuplée en majeure partie par des nations déjà décolorées, principalement par des Chinois. En attendant, les sauvages des forêts brésiliennes sont pourtant brun foncé [1].

Ce n'est que lorsque l'homme s'est longtemps perpétué hors de la patrie naturelle à lui seul, située entre les tropiques, et que, par suite de cet accroissement, sa race s'est répandue jusque dans les zones plus froides, que sa peau devient claire et enfin blanche. Ainsi donc, seule l'influence climatérique des zones modérées et froides a donné peu à peu à la race humaine européenne la couleur blanche. Avec quelle lenteur, nous le voyons par les tsiganes, tribu indoue qui, depuis le commencement du XVe siècle, mène en Europe une vie nomade, et dont la couleur tient encore à peu près le milieu entre celle des Indous et la nôtre. Il en est de même des familles nègres esclaves, qui depuis trois cents ans se perpétuent dans l'Amérique du Nord, et dont la peau n'est devenue qu'un peu plus claire ; il est

1. Les sauvages ne sont pas des hommes primitifs, pas plus que les chiens sauvages de l'Amérique du Sud ne sont des chiens primitifs. Ceux-ci sont des chiens devenus sauvages, et ceux-là des hommes réduits au même état, descendants d'êtres humains égarés là ou expulsés d'une tribu cultivée dont ils ont été incapables de maintenir parmi eux la civilisation.

vrai que cela provient de ce qu'elles se mêlent de temps en temps avec des nouveaux venus d'un noir d'ébène : rafraîchissement qui n'est pas le partage des tsiganes. La cause physique immédiate de cette décoloration de l'homme banni de sa patrie naturelle, je l'impute au fait que, dans le climat chaud, la lumière et la chaleur produisent sur le *rete Malpighi* une lente mais constante désoxydation de l'acide carbonique qui, chez nous, s'écoule par les pores sans se décomposer; il laisse ensuite assez de carbone pour suffire à la teinte de la peau ; l'odeur spécifique des nègres est vraisemblablement en rapport avec ce fait. Si, chez les populations blanches, les classes inférieures assujetties à un pénible travail sont d'ordinaire d'une teinte plus foncée que les classes plus élevées, cela provient de ce qu'elles transpirent davantage, ce qui agit, à un degré beaucoup plus faible, d'une façon analogue à celle du climat chaud. L'Adam de notre race doit en conséquence être conçu comme noir, et il est risible de voir les peintres représenter ce premier homme blanc, couleur produite par la décoloration. Jéhovah l'ayant créé à sa propre image, les artistes doivent représenter également celui-ci comme noir; mais ils peuvent lui laisser sa barbe blanche traditionnelle, la barbe rare étant l'accessoire non de la couleur noire, mais uniquement de la race éthiopienne.

Les plus anciennes images de la Madone, telles qu'on les rencontre en Orient et dans quelques vieilles églises italiennes, ne font-elles pas aussi son visage de couleur noire, de même que celui de l'Enfant-Jésus? Dans le fait, le peuple élu de Dieu a été tout entier noir, ou du moins brun foncé, et est aujourd'hui encore plus foncé que nous, qui descendons de peuplades païennes immigrées plus tôt. Mais la Syrie actuelle a été peuplée par des métis originaires en partie de l'Asie du Nord, comme les Turcomans, par exemple. Pareillement, Bouddha et même Confucius sont parfois représentés aussi comme étant noirs. (Voir Davis, *The Chinese*, t. II, p. 66.) Que la couleur blanche du visage indique une dégénérescence et ne soit pas naturelle, c'est ce que prouvent le dégoût et la répulsion ressentis à sa première vue par quelques peuples de l'intérieur de l'Afrique ; elle leur apparaît comme un étiolement morbide. De jeunes négresses africaines, qui avaient accueilli très amicalement un voyageur, lui offraient du lait en chantant ceci : « Pauvre étranger, combien cela nous peine que tu sois si blanc ! » On lit dans une note du *Don Juan* de lord Byron (chant XII, stance 70) : « Le major Denham dit qu'au retour de ses voyages en Afrique, quand il revit pour la première fois les femmes de l'Europe, elles lui firent l'effet d'avoir des visages anormalement maladifs ». En attendant, les ethnographes continuent à parler tranquillement, comme leur prédécesseur Buffon (voir Flourens, *Histoire des travaux et des idées de Buffon*, Paris, 1844, p. 160 et suivantes), des races blanche, jaune, rouge et noire, en prenant avant tout la couleur pour base de leurs divisions, tandis qu'en réalité celle-ci n'a rien d'essentiel, et que sa différence n'a d'autre origine que l'éloignement plus ou moins grand, plus ou moins récent aussi, d'une peuplade de la zone torride, la seule en effet où la race humaine soit indigène ; tandis que, en dehors d'elle, cette race ne peut subsister qu'à l'aide de soins artificiels, en passant l'hiver en serre chaude, comme les plantes exotiques, ce qui amène peu à peu sa dégénérescence, tout d'abord quant à la couleur. Si, après la décoloration, la couleur de la race mongolique apparaît un peu plus jaune que celle de la race caucasique, cela peut résulter d'une différence de races. Quant au fait que la civilisation par excellence se rencontre exclusivement chez les nations blanches, — à l'exception des anciens Indous et des Égyptiens, — et que même chez certains peuples foncés la caste dirigeante, ou tige, est de couleur plus claire que les autres, — par exemple les brahmanes, les incas, les chefs des îles de l'Océan Pacifique, — ce qui indique une immigration évidente, il résulte de ce que la nécessité est la mère des arts. Les races ayant émigré de bonne heure vers le Nord et y ayant peu à peu blanchi, en lutte avec les nécessités multiples imposées par le climat, ont dû développer toutes leurs forces intellectuelles et inventer ainsi que perfectionner tous les arts, pour compenser la parcimonie de la nature. C'est la source de leur haute civilisation.

De même que la couleur foncée de la peau, la nourriture végétale est naturelle à l'homme ; mais il ne reste fidèle à celle-ci, comme à celle-là, que dans les climats chauds. Lorsqu'il se répandit dans les zones plus froides, il dut réagir contre le climat anormal pour lui par une nourriture anormale. Dans le Nord proprement dit on ne peut exister sans manger de la viande. A Copenhague déjà, m'a-t-on affirmé, une condamnation de six semaines à la prison, au pain et à l'eau, quand ce régime est sévèrement appliqué, est regardée comme un danger de mort. L'homme est donc devenu à la fois blanc et carnivore. Mais ses caractères nouveaux, comme son habillement plus épais, lui ont imprimé une certaine manière d'être sale et répugnante que n'ont pas les autres animaux, du moins à l'état de nature, et contre laquelle il doit lutter par des soins constants de propreté toute spéciale, pour ne pas devenir repoussant ; ceci est donc seulement l'apanage de la classe aisée vivant dans de bonnes conditions, que, pour cette raison, les Italiens désignent par l'expression frappante de *gente pulita* (gens nettoyés, *polis,* au sens matériel).

Une autre conséquence de l'habillement plus épais, la voici : tandis que tous les animaux, se présentant sous leur forme, couleur et vêtement naturels, offrent un aspect agréablement esthétique, l'homme, dans son habillement varié, souvent très étonnant et aventuré, quand il n'est pas misérable et haillonneux, chemine parmi lesdits animaux comme une caricature, une forme qui ne convient pas à l'ensemble, qui n'en fait pas partie ; car elle n'est pas, comme toutes les autres formes, l'œuvre de la nature, mais celle d'un tailleur, et elle interrompt ainsi impertinemment l'ensemble harmonique du monde. La noble manière de voir et le goût des anciens cherchaient à atténuer ce mal en rendant le vêtement aussi léger que possible, et en le taillant de façon qu'il ne fît pas un tout étroit avec le corps et ne se confondît pas avec lui, mais au contraire qu'il en restât isolé comme un accessoire étranger et mît le plus nettement possible en relief toutes les parties de la forme humaine. La conception opposée a rendu barbare et répugnant le vêtement du moyen âge et des temps modernes. Mais la chose la plus intolérable est l'habillement actuel des femmes, que l'on qualifie « dames ». A l'imitation du manque de goût de leurs arrière-grand' mères, cet habillement défigure à plaisir la forme humaine, et, accru des cerceaux de la crinoline, qui rend sa largeur égale à sa hauteur, laisse soupçonner un entassement d'évaporations malpropres qui rend les femmes non seulement laides et désagréables, mais même répugnantes.

La vie peut se définir l'état d'un corps qui, à travers le changement constant de la matière, conserve en tout temps la forme substantielle qui lui est essentielle. Si l'on m'objectait qu'un tourbillon ou une chute d'eau conserve sa forme à travers le changement constant de la matière, je répondrais que la forme de ceux-ci n'étant nullement essentielle, mais obéissant aux lois générales de la nature, est tout à fait accidentelle, car elle dépend de circonstances extérieures dont la modification peut amener aussi celle de la forme, sans toucher pour cela à l'essentiel.

La polémique qui devient aujourd'hui de mode contre l'admission d'une force vitale mérite, en dépit de ses grands airs, moins l'épithète de fausse que celle de niaise. Nier en effet la force vitale, c'est nier en réalité sa propre existence, ce qui est le dernier degré de l'absurdité. Émané des médecins et des apothicaires, cet audacieux non sens est marqué en outre au coin de la plus vile ingratitude; n'est-ce pas la force vitale qui triomphe des maladies et amène les guérisons à la suite desquelles ces messieurs empochent leur bel et bon argent? Si une force naturelle particulière, pour laquelle il est aussi essentiel de procéder en conformité du but que cela est essentiel pour la pesanteur en vue de rapprocher les corps, ne meut pas, ne dirige pas, ne règle pas l'engrenage compliqué de l'organisme, et n'apparaît pas en lui comme la force de la pesanteur dans les phénomènes de la chute et de la gravitation, comme la force électrique dans tous les phénomènes produits par la râpe ou la pile voltaïque, etc., alors la vie est une fausse apparence, une illusion, et chaque être en réalité un pur automate, c'est-à-dire le jouet de forces mécaniques, physiques et chimiques, réunies en vue de ce phénomène soit par le hasard, soit par la fantaisie d'un artiste qui l'a voulu ainsi. Sans doute, des forces physiques et chimiques agissent dans l'organisme animal; mais ce qui les maintient ensemble et les dirige, de manière à produire un organisme conforme au but, c'est la force vitale. Elle gouverne en conséquence ces forces et modifie leur action, qui, partant, n'est ici que subordonnée. Croire, au contraire, qu'elles seraient en état de produire à elles seules un organisme, ce n'est pas seulement faux, comme je l'ai dit, mais niais. — Cette force vitale en soi est la volonté.

On a prétendu trouver cette différence fondamentale entre la force vitale et toutes les autres forces naturelles : c'est qu'elle ne reprend pas possession du corps qu'elle a une fois quitté. Les forces de la nature inorganique n'abandonnent que par exception le corps dont elles sont maitresses : ainsi, par exemple, l'acier peut perdre son aimantation par incandescence, et la recouvrer par une aimantation nouvelle. On peut affirmer plus nettement encore que l'électricité reçoit et perd, bien qu'on doive avouer que le corps ne la reçoit pas elle-même du dehors, mais subit seulement l'impulsion par suite de laquelle la force électrique existant déjà en lui se sépare maintenant en + E et — E. Par contre, la pesanteur n'abandonne jamais un corps, et il en est de même de sa qualité chimique. Cette dernière, par sa liaison avec d'autres corps, devient simplement latente et reparaît intacte après la décomposition de ceux-ci. Par exemple, le soufre devient de l'acide sulfurique, celui-ci de la chaux, mais la décomposition successive de tous deux redonne le soufre. Au contraire, la force vitale qui a abandonné un corps ne peut jamais en reprendre possession. La raison en est que cette force ne se rattache pas, comme les forces de la nature inorganique, simplement à la matière, mais avant tout à la forme. Son activité consiste précisément dans la production et le maintien (c'est-à-dire la production continue) de cette forme; en conséquence, dès qu'elle abandonne un corps, la forme de celui-ci se décompose, au moins dans ses parties les plus délicates. Mais la production de la forme a sa marche régulière et même méthodique dans la succession déterminée de ce qui est à produire, c'est-à-dire un commencement, un milieu et un progrès. Aussi la force vitale doit-elle, partout où elle reparaît, s'installer à nouveau à son métier, c'est-à-dire commencer réellement *ab ovo*. Elle ne peut donc reprendre l'œuvre laissée un jour en suspens et menaçant déjà ruine, c'est-à-dire aller et venir comme le magnétisme. C'est la différence entre la force vitale et les autres forces naturelles.

La force vitale est directement identique à la volonté, de sorte que ce qui se manifeste dans la conscience, comme volonté, est dans la vie consciente organique de celle-là ce *primum mobile* qui a été qualifié très justement de force vitale. Seulement par analogie avec celle-ci nous concluons que les autres forces naturelles aussi sont identiques au fond à la volonté, avec cette restriction que, dans celles-ci, elle se trouve à un degré inférieur d'objectivation. Aussi, chercher à expliquer par la nature inorganique la nature organique et par conséquent la vie, la connaissance, et finalement la volonté, c'est vouloir déduire la chose en soi du phénomène, cette simple formation du cerveau ; c'est comme si l'on voulait expliquer le corps par son ombre.

La force vitale est seulement une force qui, en tant que force vitale, métaphysique, chose en soi, volonté, est infatigable, et n'a pas besoin de repos. Cependant ses formes de manifestation — irritabilité, sensibilité, reproductivité — se fatiguent et en ont besoin ; l'unique raison de ce fait est qu'elles produisent, soutiennent et gouvernent avant tout l'organisme, en domptant les phénomènes inférieurs de la volonté, qui ont un droit antérieur sur la même matière. Ce qui le démontre le mieux est l'irritabilité, qui doit lutter constamment avec la pesanteur ; aussi est-ce elle qui se fatigue le plus vite ; mais que, dans cet état, on trouve un point d'appui quelconque, que l'on s'adosse, que l'on s'asseye, que l'on se couche, et le repos vient. Pour cette raison précisément les positions énumérées, dans la tension la plus forte de la sensibilité, sont favorables à la pensée ; car la force vitale peut se consacrer alors sans partage à cette fonction. Cela arrive surtout quand elle n'est pas particulièrement prise à parti par la troisième, la reproduction, comme c'est le cas durant la digestion. Mais tout cerveau éclairé aura certainement remarqué que la marche en plein air est extraordinairement favorable à l'éclosion de la pensée personnelle. J'attribue le fait à l'acte de la respiration accélérée par le mouvement, qui, d'une part, fortifie et active la circulation du sang, et, de l'autre, oxyde mieux celui-ci. En premier lieu, le double mouvement du cerveau — celui qui suit chaque expiration et celui qui suit chaque battement du pouls — devient plus rapide et plus énergique, de même que son *turgor vitalis*, et, en second lieu, un sang artériel plus complétement oxydé et décarbonisé, en conséquence plus vital. pénètre des ramifications partant des carotides dans la substance entière du cerveau, et augmente la vitalité intérieure de celui-ci. Mais la stimulation de l'activité pensante, provoquée par tout ceci, ne dure qu'autant que la marche ne fatigue pas. Dès que se produit la moindre lassitude, la tension forcée de l'irritabilité influence la force vitale ; l'activité de la sensibilité cesse, et, dans le cas d'une grande fatigue, elle tombe jusqu'à l'hébétement

La sensibilité se repose seulement dans le sommeil ; elle supporte donc une activité plus longue. Tandis qu'en même temps qu'elle, la nuit, l'irritabilité se repose aussi, la force vitale, qui ne peut agir complètement et sans partage, par conséquent avec une entière puissance, que sous une de ses trois formes, prend la forme de la force de reproduction. Voilà pourquoi la formation et la nutrition des parties, notamment la nutrition du cerveau, mais aussi chaque développement, chaque compensation, chaque guérison, en un mot l'action de la *vis naturæ medicatrix* sous toutes ses formes, en particulier dans les crises morbides bienfaisantes, s'accomplissent principalement dans le sommeil. Aussi une condition fondamentale de santé régulière, et par conséquent de longue vie, est-elle de jouir constamment d'un profond sommeil ininterrompu. Cependant il n'est pas bon de le prolonger autant qu'on le peut, car ce qu'il gagne en extension il le perd en intensité, c'est-à-dire en profondeur ; le sommeil profond est précisément celui dans lequel les *processus* vitaux organiques énumérés plus haut s'effectuent de la manière la plus parfaite. Ceci peut se déduire du fait que si, une nuit, le sommeil a été troublé et écourté, et que, la nuit suivante, il est d'autant plus profond, comme cela ne manque pas d'arriver, on se sent, au réveil, étonnamment fortifié et rafraîchi. Cette profondeur si bienfaisante du sommeil ne peut être nullement compensée par sa durée ; on ne l'obtient au contraire qu'en limitant celle-ci. C'est la base de l'observation en vertu de laquelle toutes les personnes qui ont atteint un âge avancé se sont levées de bonne heure. Homère a dit : ἀνίη καὶ πολὺς ὕπνος (Beaucoup de sommeil est aussi une peine), *Odyssée*, chant XV, vers 394. C'est la raison pour laquelle, lorsqu'on s'éveille de soi-même de bonne heure, il ne faut pas s'efforcer de se rendormir, mais dire avec Gœthe : « Le sommeil est une écorce, jette-la », et se lever. Cette action bienfaisante du profond sommeil atteint son point culminant dans le sommeil magnétique, le plus profond de tous, qui apparaît alors comme la panacée de beaucoup de maladies. De même que toutes les fonctions de la vie organique, la digestion s'effectue plus facilement et plus vite dans le sommeil, par suite de l'arrêt de l'activité cérébrale. Voilà pourquoi un court sommeil de dix à quinze minutes ou d'une demi-heure après le repas agit-il efficacement, et il est facilité par le café, qui accélère la digestion. Par contre, un sommeil prolongé est nuisible et peut même devenir dangereux, ce que je m'explique par les raisons suivantes. D'une part, la respiration, dans le sommeil, est sensiblement plus lente et plus faible ; d'autre part, dès que la digestion, activée par celui-ci, en est arrivée à la chylification, le chyle afflue dans le sang et l'hypercarbonise, de sorte que celui-ci a plus besoin que d'habitude de décarbonisation, au moyen de la respiration ; mais celle-ci est diminuée par le sommeil, et, en même temps qu'elle, l'oxydation aussi bien que la circulation.

C'est ce que l'on peut constater de ses propres yeux chez les sujets blonds à la peau blanche et délicate, qui ont longtemps dormi après le repas : leur visage prend, de même que leur sclérotique, une couleur quelque peu brune foncée, symptôme de l'hypercarbonisation. (Le livre de Mayo : *Philosophy of Living*, p. 168, prouve qu'en Angleterre au moins on ne connaît pas cette théorie des désavantages du sommeil de l'après-midi).

Pour la même raison, les gens de tempérament sanguin, bâtis en force, s'exposent, en dormant longtemps l'après-midi, à l'apoplexie. On prétend même que ce sommeil prolongé peut amener, aussi bien que les repas copieux du soir, la phtisie, qui s'expliquerait facilement par le même principe. Cela fait comprendre aussi pourquoi il peut devenir assez vite nuisible de ne manger qu'une seule fois par jour et beaucoup, parce que l'on impose non seulement à l'estomac, mais aussi aux poumons, après une telle augmentation de chylification, trop de travail à la fois. Quant à la diminution de la respiration dans le sommeil, elle s'explique par ce fait qu'elle est une fonction combinée, c'est-à-dire qu'elle part en partie des nerfs de la moelle épinière et est ainsi un mouvement réflexe qui, comme tel, persiste dans le sommeil ; mais en partie aussi elle part des nerfs cérébraux et est en conséquence secondée par la volonté, dont l'arrêt dans le sommeil ralentit la respiration et cause en même temps le ronflement. (C'est ce qu'explique en détail Marshal Hall [1] dans son livre des *Diseases of the Nervous System*, §§ 290-311, auquel on

1. Schopenhauer a déjà mentionné ce célèbre physiologiste anglais (1790-1857), auteur de la découverte de l'action réflexe dans *Métaphysique et esthétique*, p. 46. (*Le trad.*)

peut comparer celui de Flourens, *Du système nerveux*, 2e édit., chap. XI). Cette participation des nerfs cérébraux à la respiration explique également comment, lorsque le cerveau concentre son activité en vue d'une réflexion ou d'une lecture opiniâtre, la respiration devient plus légère et plus lente, ainsi que l'a remarqué Nasse. Les surexcitations de l'irritabilité, au contraire, les vigoureux affects, tels que la joie, la colère, etc. accélèrent, en même temps que la circulation du sang, aussi la respiration. La colère n'est donc pas forcément nuisible, et même, quand elle peut se donner libre cours, elle exerce une action bienfaisante sur maintes natures qui, pour cette raison même, la recherchent par instinct, d'autant plus qu'elle favorise en outre l'épanchement de la bile.

Une autre preuve du balancement réciproque des trois forces physiologiques fondamentales considérées ici est apportée par le fait non douteux que les nègres ont plus de force physique que les hommes des autres races, et que, par suite, ce qui leur manque en sensibilité, ils y suppléent en irritabilité. Il est vrai qu'ils sont plus rapprochés ainsi des animaux, qui possèdent tous, en proportion de leur grandeur, plus de force musculaire que l'homme.

Pour ce qui concerne le rapport différent des trois forces fondamentales chez les individus, je renvoie à ma *Volonté dans la nature*, rubrique « Physiologie ».

On pourrait regarder l'organisme vivant animal comme une machine sans *primum mobile*, une série de mouvements sans point de départ, une chaine d'actions et de causes dont aucune ne serait la première, si la vie suivait sa marche sans se relier au monde extérieur. Mais ce point de relation est le *processus* respiratoire ; il est le premier chaînon et le plus essentiel se raccordant avec le monde extérieur, et il donne l'impulsion première. Il faut donc regarder le mouvement de la vie comme émanant de lui, et voir en lui le premier anneau de la chaîne causale. En conséquence apparaît comme impulsion première, c'est-à-dire comme cause initiale extérieure de la vie, un peu d'air qui, en pénétrant et en oxydant, introduit d'autres *processus*, et a ainsi pour résultat la vie. Ensuite, ce que cette cause extérieure reçoit de l'intérieur, elle le manifeste comme une violente aspiration, comme une irrésistible impulsion à respirer, c'est-à-dire sous forme directe de volonté.

La seconde cause extérieure de la vie est la nourriture. Elle aussi agit au début du dehors comme motif, mais non d'une façon aussi pressante que l'air et sans permettre, comme celui-ci, de délais ; c'est dans l'estomac d'abord que commence son activité physiologique causale. Liebig a établi le budget de la nature organique et dressé le bilan de ses dépenses et de ses recettes.

La philosophie et la physiologie ont pourtant fait en deux cents ans un beau chemin, en s'élevant de la *glandula pinealis* de Descartes et des *spiritus animales* la mouvant ou mus par elle, jusqu'aux nerfs moteurs et sensibles de la moelle épinière, de Charles Bell, et aux mouvements réflexes de Marshall Hall. La belle découverte de ce dernier, exposée dans son excellent livre *On the Diseases of the Nervous System*, est une théorie des actions involontaires, c'est-à-dire de celles qui n'ont pas leur source dans l'intellect, bien qu'elles doivent néanmoins émaner de la volonté. J'ai exposé dans les Suppléments au *Monde comme volonté et comme représentation* (chap. x), que cette théorie projette de la lumière sur ma métaphysique, en aidant à élucider la différence entre la volonté et le libre arbitre.

Encore quelques observations suggérées par la théorie de Hall.

Si l'entrée dans un bain froid accélère beaucoup momentanément la respiration, effet qui, quand le bain est très froid, dure un moment encore après qu'on en est sorti, cela s'explique, d'après Marshall Hall (§ 202 de son livre cité), par un mouvement réflexe que provoque le froid agissant soudainement sur la moelle épinière. A cette *causa efficiens* j'ajouterai cette raison finale que la nature veut réparer le plus vite possible cette perte si importante et si soudaine de chaleur, qui se produit précisément par l'augmentation de la respiration, source interne de celle-là. Le résultat secondaire de celle-ci, — l'augmentation du sang artériel et la diminution du sang veineux, — peut, à côté de l'action directe sur les nerfs, avoir une grande part à la disposition d'esprit incomparablement claire, gaie et purement contemplative qui est d'ordinaire la conséquence directe d'un bain froid, d'autant plus froid a-t-il été.

Le bâillement appartient aux mouvements réflexes. Je soupçonne que sa cause éloignée est une dépression momentanée du cerveau amenée par l'ennui, la paresse d'esprit ou la somnolence, le cerveau cédant alors le pas à la moelle épinière, qui, par ses propres moyens, provoque cette crampe étrange. Au contraire, l'étirement des membres qui accompagne souvent le bâillement, et qui, quoique se produisant involontairement, reste néanmoins assujetti à la volonté, ne peut plus être rangé parmi les mouvements réflexes. Je crois que, de même que le bâillement résulte, en dernière instance, d'un déficit en sensibilité, l'étirement provient d'un surexcès momentané d'irritabilité, dont on cherche ainsi à se débarrasser. Aussi se produit-il dans les périodes de force, non dans celles de faiblesse. Une donnée digne de considération quant à la recherche de la nature de l'activité nerveuse, c'est l'engourdissement des membres comprimés, avec cette circonstance remarquable que cela n'arrive jamais dans le sommeil (du cerveau).

Je m'explique de la façon suivante que le besoin d'uriner, quand on lui résiste, disparaît complètement, revient plus tard, et que le même fait se reproduit. L'obturation du *sphincter vesicæ* est un mouvement réflexe qui, comme tel, dépend des nerfs de la moelle épinière, et s'effectue par conséquent sans conscience ni volonté. Or, quand ces nerfs se fatiguent, sous la pression accrue de la vessie remplie, ils fléchissent; mais d'autres nerfs, appartenant au système cérébral, reprennent aussitôt la fonction de ceux-là. La chose se produit avec une volonté consciente et une sensation pénible qui persistent jusqu'à ce que les premiers nerfs se soient reposés et reviennent à leur fonction; elle peut se répéter plusieurs fois.

Que, pendant cette substitution des nerfs cérébraux aux nerfs de la moelle épinière, et par conséquent de fonctions conscientes à des fonctions inconscientes, nous cherchions à nous procurer quelque soulagement par de rapides mouvements des jambes et des bras, je me l'explique par ce fait que, tandis que la force nerveuse est ainsi dirigée vers les nerfs actifs excitant l'irritabilité, les nerfs sensibles qui excitent, en qualité de messagers du cerveau, cette pénible sensation, perdent quelque chose en sensibilité.

Je m'étonne que Marshal Hall ne compte pas aussi parmi les mouvements réflexes le rire et les pleurs. Ils en font incontestablement partie, comme mouvements tout à fait involontaires. Nous ne pouvons pas plus les écarter, de propos délibéré, que le bâillement ou l'éternuement; nous ne pouvons en donner, comme de ceux-ci, qu'une mauvaise imitation aussitôt percée à jour. Tous les quatre sont également difficiles à supprimer. Le rire et les pleurs se produisent par simple *stimulus mentalis*, ce qui leur est commun avec l'érection, qui est rangée parmi les mouvements réflexes; le rire peut en outre être provoqué d'une façon purement physique, par le chatouillement. Son excitation ordinaire, c'est-à-dire mentale, s'explique par le fait que la fonction cérébrale, au moyen de laquelle nous reconnaissons soudainement l'incongruité d'une représentation intuitive et d'une représentation abstraite d'ailleurs appropriée à celle-ci, a une action particulière sur la *medulla oblongata*, ou une partie appartenant au système excitomoteur, d'où part ensuite l'étrange mouvement réflexe qui ébranle à la fois beaucoup de parties. Le *par quintum* et le *nervus vagus* semblent y avoir la plus grande part.

J'ai dit dans *Le monde comme volonté et comme représentation* (livre IV, § 60) : « Les organes génitaux sont, beaucoup plus qu'aucun des autres membres extérieurs du corps, soumis uniquement à la volonté, nullement à la connaissance. Même la volonté ici se montre presque aussi indépendante de la connaissance que dans les organes de la vie végétative, servant à la reproduction partielle ». En réalité, les représentations n'agissent pas sur les organes génitaux en tant que motifs, comme c'est toujours le cas en ce qui concerne la volonté, mais, l'érection étant un mouvement réflexe, simplement comme excitant, par conséquent directement et seulement aussi longtemps qu'elles sont présentes. Il faut donc, pour qu'elles soient efficaces, que leur présence ait une certaine durée ; tandis qu'au contraire une représentation qui agit en tant que motif le fait souvent après une présence des plus courtes, et son efficacité ne dépend nullement de la durée de sa présence. (J'ai exposé dans mon *Éthique*, chap. III, et aussi dans le *Principe de la raison suffisante*, § 20, ces différences entre excitation et motif.) De plus, l'action qu'une représentation a sur les organes génitaux ne peut être, comme celle d'un motif, supprimée par une autre représentation, qu'autant que la première est chassée par celle-ci de la conscience, c'est-à-dire n'est plus présente. Alors la chose se produit infailliblement et même si cette représentation ne contient rien d'opposé à la première; comme, par contre, un contre-motif est soumis à la même exigence. En conséquence, il ne suffit pas, pour accomplir le coït, que la présence d'une femme agisse sur l'homme comme motif (par exemple, pour engendrer un enfant, pour remplir un devoir, etc.), celui-ci fût-il si impérieux en tant que tel ; mais cette présence doit agir directement en tant qu'excitation.

Si un son, pour être perceptible, doit rendre en une seconde au moins seize vibrations, la raison m'en paraît être que ses vibrations doivent être communiquées mécaniquement aux nerfs auditifs, vu que la sensibilité de l'ouïe n'est pas, comme celle de la vue, une excitation provoquée par une simple impression sur les nerfs, mais exige que le nerf lui-même soit çà et là excité. Ceci doit donc s'effectuer avec une rapidité et une lenteur déterminées, qui contraignent l'impression à revenir brièvement, en zigzags accusés, non en courbure arrondie. En outre, ceci doit s'effectuer dans l'intérieur du labyrinthe et du limaçon de l'oreille, parce que partout les os sont le sol de résonance des nerfs. Mais la lymphe, qui entoure là le nerf auditif, adoucit, comme inélastique, la contre-action de l'os.

Si l'on considère que, d'après les plus récentes recherches, le crâne des idiots, comme celui des nègres, est généralement inférieur en largeur — c'est-à-dire d'une tempe à l'autre — aux autres crânes, et qu'au contraire les grands penseurs ont des têtes exceptionnellement larges, ce qui est même la signification du nom de Platon ; si l'on admet en outre que la blancheur des cheveux, plus imputable à la contention de l'esprit et au chagrin qu'à la vieillesse, part habituellement des tempes, ce que dit même un proverbe espagnol : *Canas son que no lunares, cuando comienzan por los aladares*[1], on sera amené à supposer que la partie du cerveau qui se trouve dans la région des tempes est la plus active dans le travail de la pensée. Peut-être pourra-t-on établir un jour une vraie crâniologie, toute différente d'ailleurs de celle de Gall, avec sa base psychologique aussi grossière qu'absurde et son hypothèse d'organes cérébraux pour les qualités morales. Les cheveux gris ou blancs sont d'ailleurs pour l'homme ce qu'est pour les arbres, en automne, le feuillage rouge ou jaune, et les deux choses font sou-

1. « Les cheveux blancs ne sont pas des taches, quand ils commencent par les tempes ».

vent un très bel effet ; seulement il ne faut pas que l'une ni l'autre tombent.

Le cerveau se composant d'un très grand nombre de plis et de faisceaux mous séparés par d'innombrables intervalles, et contenant en outre dans ses cavités une humidité aqueuse, toutes ces parties si molles doivent, par suite de la pesanteur, en partie se courber, en partie peser les unes sur les autres, et, dans les différentes positions de la tête, d'une façon très différente ; le *turgor vitalis* ne peut entièrement s'y opposer. Sans doute, la *dura mater* plie sous les grandes masses qui se pressent les unes les autres (d'après Magendie, *Physiologie*, t. I, p. 179, et Hampel, pp. 768, 775), en s'enfonçant entre celles-ci et en formant la *falx cerebri* et le *tentorium cerebelli ;* mais elle laisse de côté les petites parties. Si maintenant l'on se représente les opérations de la pensée comme rattachées à de véritables mouvements de la masse cérébrale, si faibles soient-ils, l'influence de la position devrait être, par la pression des petites parties les unes sur les autres, très grande et instantanée. Mais il n'en est pas ainsi, parce que la chose ne s'effectue pas précisément d'une façon mécanique. Néanmoins la position de la tête peut n'être pas indifférente, vu que non seulement cette pression des parties cérébrales les unes sur les autres, mais aussi l'afflux sanguin plus ou moins fort, en tout cas efficace, dépendent d'elle. J'ai réellement expérimenté qu'après avoir en vain essayé de me rappeler quelque chose, un vigoureux changement de position m'est venu en aide. La position la plus avantageuse pour penser semble d'ailleurs celle où la *basis encephali* se trouve tout à fait horizontale. Voilà pourquoi, lorsqu'on réfléchit profondément, on penche la tête en avant. Cette position devient habituelle aux grands penseurs, à Kant, par exemple, et Cardan la mentionne à son propre sujet (Vanini, *Amphitheatrum æternæ Providentiæ*, p. 269). Peut-être est-elle en partie imputable aussi au poids anormalement plus élevé de leur cerveau et particulièrement à la trop forte prédominance de la partie antérieure, située devant le *foramen occipitale*, sur la partie postérieure, étant donnée la ténuité excessive de la moelle épinière et par conséquent aussi des vertèbres. Cette prédominance n'existe pas dans les grosses têtes qui sont en même temps de lourdes têtes ; aussi leurs porteurs dressent-ils le nez bien haut. Les têtes de cette espèce se trahissent ensuite par l'évidence des os durs et massifs du crâne, qui laissent très peu de place pour le cerveau, en dépit des proportions de l'enveloppe. Il y a réellement une certaine manière hautaine de porter la tête, en tenant la colonne vertébrale très droite, que, sans réflexion ni information préalable, nous tenons aussitôt pour une marque physionomique d'imbécillité ; vraisemblement parce qu'elle résulte de ce que la moitié postérieure du cerveau fait réellement équilibre à la moitié antérieure, si elle ne la dépasse pas.

De même que la position en avant de la tête semble favorable à la pensée, la position opposée, c'est-à-dire le fait de lever la tête et même de la tourner en arrière, le regard jeté d'en haut, semble favorable à l'effort momentané de la mémoire, car les personnes qui cherchent à se rappeler quelque chose prennent souvent avec succès cette position. De là vient aussi que les chiens très intelligents, qui comprennent une partie du langage humain, tournent alternativement, quand ils s'efforcent d'interpréter le sens des paroles de leur maître, la tête de chaque côté ; ce qui leur donne un air très entendu et très plaisant.

Il m'est venu l'idée très nette que les maladies aiguës ne sont autre chose, à l'exception de quelques-unes, que des moyens de guérison ménagés par la nature elle-même en vue de la suppression d'un désordre quelconque qui s'est introduit dans l'organisme ; la *vis naturæ medicatrix*, armée d'un pouvoir dictatorial, prend en ce cas des mesures extraordinaires, qui constituent la maladie proprement dite. Le type le plus simple de ce fait si général nous est fourni par le rhume. Le refroidissement paralyse l'activité de la peau externe, et supprime ainsi la puissante excrétion due à l'exhalation : ce qui pourrait entraîner la mort de l'individu. Mais bientôt la peau interne, la muqueuse, vient se substituer à la peau externe. En ceci consiste le rhume, une maladie. Celle-ci toutefois n'est qu'apparemment le remède du mal véritable, mais non sensible : l'arrêt de la fonction de la peau. Cette maladie, le rhume, parcourt les mêmes étapes que toute autre : point de départ, augmentation, maximum d'intensité, diminution. D'abord aiguë, elle devient peu à peu chronique, et conserve ce caractère jusqu'à ce que le mal fondamental, mais non sensible lui-même, la paralysie de la fonction de la peau, ait disparu. Aussi est-il très dangereux de faire avorter le rhume. Ce même fait constitue l'essence du plus grand nombre des maladies, et celles-ci ne sont en réalité que la médication de la *vis naturæ medicatrix*. L'allopathie, ou énantiopathie, combat de toutes ses forces le fait en question ; l'homéopathie, de son côté, s'efforce de l'accélérer ou de le fortifier, quand elle ne va pas, en le surchargeant, jusqu'à en dégoûter la nature ; cela, en tout cas, pour accélérer la réaction qui est toujours la conséquence de l'exagération et de l'exclusivisme. Les deux écoles veulent donc en savoir plus que la nature elle-même, qui connaît certainement aussi bien la mesure que la direction de sa méthode curative.

Aussi convient-il de préférer la physiatrique dans tous les cas qui n'appartiennent pas aux exceptions mentionnées. Seules les guérisons que la nature opère elle-même et par ses propres moyens sont solides. Ici aussi s'applique le mot : « Tout ce qui n'est pas naturel est imparfait[1] ». Les remèdes des médecins n'ont généralement en vue que les symptômes, qu'ils tiennent pour le mal lui-même ; aussi, après une guérison de ce genre, nous sentons-nous peu à l'aise. Si l'on accorde au contraire du temps à la nature, elle accomplit peu à peu elle-même la guérison, à la suite de laquelle nous nous trouvons mieux qu'avant la maladie ; ou, si une seule partie a été atteinte, elle se fortifie. On peut observer cela facilement et sans danger à l'occasion de petits maux qui sont souvent notre partage. Qu'il y ait des exceptions, c'est-à-dire des cas où le médecin seul puisse utilement intervenir, je l'accorde : la syphilis, par exemple, est le triomphe de la médecine. Mais la plupart des guérisons sont uniquement l'œuvre de la nature, et le médecin présente sa note même quand elles ne se sont produites qu'en dépit de ses efforts ; et ce serait mauvais pour le renom comme pour les notes des médecins, si la déduction : *cum hoc, ergo propter hoc*, n'était pas d'un usage si courant. Ajoutez à cela que le médecin est *animi consolatio*. Les bons clients des médecins regardent leur corps comme une montre,

1. En français dans le texte.

ou une autre machine, qui, si elle vient à se déranger, ne peut être réparée que par le mécanicien. Mais cette manière de voir est fausse. Le corps est une machine qui se répare elle-même ; la plupart des dérangements grands ou petits qui s'y produisent disparaissent d'eux-mêmes après un temps plus ou moins long, grâce à la vis *naturæ medicatrix*. Qu'on laisse donc faire celle-ci, et « peu de médecin, peu de médecine[1] ».

Je m'explique de la façon suivante la nécessité de la métamorphose des insectes. La force métaphysique qui réside au fond de l'apparition d'un tel animalcule est si faible, qu'elle ne peut accomplir simultanément les diverses fonctions de la vie animale ; elle doit donc les répartir, pour exécuter successivement ce qui s'effectue simultanément chez les animaux supérieurs. En conséquence, elle partage la vie des insectes en deux moitiés. Dans la première, l'état larvé, elle se présente exclusivement comme force de reproduction. nutrition, plasticité. Cette vie de la larve a pour but immédiat unique la production de la chrysalide ; et celle-ci qui, à l'intérieur, est toute liquide, peut être envisagée comme un second œuf d'où sortira plus tard l'image. Le seul but de la vie larvée est donc la préparation des sucs d'où peut sortir l'image. Dans la seconde moitié de la vie de l'insecte, qui est séparée de la première par cet état ovaire, la force vitale métaphysique en soi se présente comme irritabilité centuplement accrue, — en vol infatigable ; comme sensibilité hautement développée, — avec des sens plus perfectionnés, souvent tout nouveaux, et en merveilleux instincts artistiques, —

1. En français dans le texte.

principalement comme fonction génitale, qui devient maintenant le but dernier de la vie. En revanche, la nutrition diminue beaucoup, parfois même cesse complètement, et la vie a pris ainsi un caractère tout à fait éthéré. Cette transformation et cette réparation totales des fonctions vitales représentent donc en quelque sorte deux animaux vivant successivement, dont la forme très différente répond à la différence de leurs fonctions. Ce qui les unit, c'est l'état ovaire de la chrysalide, dont la préparation du contenu et de la matière était le but vital du premier animal ; et les forces avant tout plastiques de celui-ci, dans cet état de nymphe, en produisant la seconde forme, déploient leur dernier effort. Ainsi la nature, ou plutôt ce qui fait sa base métaphysique, accomplit en deux fois chez ces animaux ce qui serait trop pour elle en une fois ; elle divise son travail. Nous voyons, en conséquence, que la métamorphose est la plus complète là où la séparation des fonctions se montre la plus nette, chez les lépidoptères, par exemple. Maintes chenilles dévorent quotidiennement le double de leur poids. Par contre, beaucoup de papillons, comme d'autres insectes, à l'état parfait, ne mangent pas du tout : citons parmi eux le ver à soie. D'autre part, la métamorphose est incomplète chez les insectes dont, à l'état parfait aussi, la nutrition s'opère fortement : chez les grillons, les locustes, les punaises, etc.

La lueur phosphorescente propre, dans la mer, à presque tous les « radiaires mollasses[1] » provient peut-être, comme la lueur du phosphore même, d'une combustion lente, de même que le souffle des animaux arti-

1. En français dans le texte.

culés, dont elle prend la place ; c'est une respiration de toute la surface, et conséquemment une combustion lente extérieure, comme celle-là est intérieure. Ou plutôt y aurait-il également ici une combustion intérieure dont le développement lumineux ne serait visible extérieurement que grâce à la transparence complète de tous ces animaux mollasses. A ceci l'on pourrait relier l'audacieuse hypothèse que chaque souffle, venu des poumons ou des branchies, est accompagné d'une phosphorescence, et que, par suite, l'intérieur du thorax vivant est éclairé.

S'il n'y avait pas objectivement une différence très déterminée entre la plante et l'animal, le fait de se demander en quoi elle consiste n'aurait aucun sens ; car cette question implique seulement, avec certitude, mais vaguement, que chaque différence comprise veut être ramenée à des notions claires. J'ai indiqué le sens voulu dans mon *Ethique* (chap. III) et dans mon *Principe de la raison suffisante* (§ 20).

Les différentes formes animales dans lesquelles se représente la volonté de vivre se comportent les unes par rapport aux autres comme la même pensée, exprimée en différents langages et conformément à l'esprit de chacune d'elles, et les différentes espèces d'un genre se laissent envisager comme un nombre de variations sur le même thème. De plus près, cependant, cette diversité des formes animales doit dériver du genre de vie différent de chaque espèce et de la diversité des buts résultant de celui-ci : l'étude de cette question constitue un chapitre tout spécial de ma *Volonté dans la nature*, rubrique « Anatomie comparée ». Quant à la diversité des formes végétales, par contre, nous sommes loin d'en pouvoir détailler aussi nettement les raisons. Tout ce qu'il est à peu près possible de dire à ce sujet, je l'ai indiqué d'une façon générale dans *Le monde comme volonté et comme représentation* (livre II, § 28). A cela s'ajoute que nous pouvons expliquer téléologiquement quelque chose des plantes. Ainsi, par exemple, les fleurs pendantes du fuchsia tournées en bas, par le fait que leur pistil est beaucoup plus long que leurs étamines : position qui favorise la chute et la captation du pollen, et ainsi de suite. En somme, il faut dire que le monde objectif, c'est-à-dire la représentation intuitive, ne peut rien refléter qui n'aurait dans l'essence des choses en soi, c'est-à-dire dans la volonté servant de base au phénomène, une aspiration exactement modifiée conformément à elle. Car le monde comme représentation ne peut rien fournir par lui-même, et, pour cette raison, il est incapable aussi de vous servir des contes frivoles et vides. La multiplicité infinie des formes et même des nuances des plantes et de leurs fleurs doit donc être partout l'expression d'une essence subjective modifiée de la même façon ; c'est-à-dire que la volonté comme chose en soi, qui s'y représente, doit être exactement reflétée par elle.

Pour la même raison métaphysique et parce que le corps de l'individu n'est que la visibilité de sa volonté individuelle, c'est-à-dire représente objectivement celle-ci, à laquelle appartient aussi son intellect, ou cerveau, en tant que phénomène de sa volonté de connaître, ce n'est pas seulement la nature de son intellect qu'il s'agit d'interpréter et de comprendre par la nature de son cerveau et la circulation du sang qui excite celui-ci ; son caractère moral tout entier, avec tous ses traits et toutes ses particularités, doit aussi se déduire de la nature du reste de sa corporisation, — de la texture, grandeur, qualité, des relations réciproques du cœur, du foie, des poumons, de la rate, des reins, etc. Sans doute, nous n'arriverons jamais réellement à cela ; mais la chose doit être possible objectivement.

La considération suivante nous servira d'acheminement vers ce point. Non seulement les passions agissent sur différentes parties du corps (Suppléments au *Monde comme volonté et comme représentation*, livre II, chap. xx), mais, à l'inverse aussi, l'état individuel d'organes isolés provoque les passions et même les représentations associées à celle-ci. Quand les *vesiculæ seminales* sont remplies périodiquement de sperme, à chaque instant surgissent, sans cause particulière, des idées voluptueuses et obscènes. Nous nous imaginons que la raison en est purement psychique, que c'est une tendance perverse de nos pensées ; mais elle est purement physique et cesse dès que ladite réplétion a disparu, par la résorption du sperme dans le sang. Il nous arrive parfois d'être enclins au dépit, à la colère, aux querelles, et nous cherchons les occasions en règle de nous y livrer. Si nous n'en trouvons pas d'extérieures, nous ruminons dans notre pensée, pour avoir le droit de nous irriter, des griefs depuis longtemps oubliés. Cet état est très vraisemblablement le résultat d'une surabondance de bile. Parfois nous ressentons une angoisse intérieure, sans raison aucune, et cet état est durable ; nous cherchons dans notre cerveau des sujets de préoccupation, et nous imaginons facilement les avoir trouvés. C'est ce que la langue anglaise appelle : *to catch blue devils* (attraper des diables bleus). L'état en question provient vraisemblablement des entrailles.

SUR LA PHILOSOPHIE ET SA MÉTHODE

La base dernière sur laquelle reposent toutes nos connaissances et toutes nos sciences est l'inexplicable. Toute explication ramène donc à ceci, par plus ou moins de chaînons. C'est ainsi que, dans la mer, la sonde trouve le fond tantôt à une plus grande profondeur, tantôt à une moindre, mais doit finir par le trouver partout. Cet inexplicable échoit en partage à la métaphysique.

Presque tous les hommes pensent incessamment qu'ils sont celui-ci et celui-là (τίς ἄνθρωπος), avec les corollaires qui en résultent. Mais qu'ils sont un homme (ὁ ἄνθρωπος), et quels corollaires résultent de ce fait, c'est ce à quoi ils songent à peine, et c'est pourtant là le point principal. Ceux, en petit nombre, qui attachent plus d'attention à la dernière proposition qu'à la première, sont des philosophes. Mais la tendance des autres se ramène au fait qu'ils voient surtout dans les choses le particulier et l'individuel, et non leur universalité. Seuls les mieux doués voient toujours de plus en plus, suivant le degré de leur intelligence, l'universel dans les choses particulières. Cette importante différence pénètre la cognition tout entière, au point qu'elle s'étend jusqu'à l'intuition des objets les plus banals ; aussi cette intuition n'est-elle pas la même dans un cerveau éminent que dans un cerveau ordinaire. Cette conception de l'universel dans le particulier toujours présent coïncide avec ce que j'ai nommé le pur sujet sans volonté de la connaissance, et exposé comme le corollaire de l'Idée platonicienne. C'est que si l'intelligence, dirigée vers l'universel, peut rester sans volonté, les objets de la volonté, au contraire, résident dans les choses particulières. Pour cette raison, l'intelligence des animaux est strictement limitée à ce particulier, et leur intellect reste en conséquence exclusivement au service de leur volonté. La tendance de l'esprit à l'universel est, par contre, la condition indispensable des œuvres véritables en philosophie, en poésie, comme dans les arts et les sciences.

Pour l'intellect au service de la volonté, c'est-à-dire dans l'usage pratique, il y a seulement les choses particulières. Pour l'intellect qui poursuit l'art et la science, qui, en un mot, est actif pour lui-même, il y a seulement des universalités, — toutes sortes de manières, espèces, classes, idées des choses, car même l'artiste plastique veut, dans l'individu, représenter l'idée, c'est-à-dire l'espèce. Cela vient de ce que la volonté n'est dirigée directement que vers les choses individuelles ; elles sont, à proprement parler, ses objets, car elles seules ont une réalité empirique. Notions, classes, espèces peuvent, au contraire, ne devenir ses objets que très indirectement. L'homme grossier n'a donc pas de sens pour les vérités générales ; mais le génie n'aperçoit pas l'individuel, et le néglige. L'occupation forcée avec le particulier, comme tel, en tant qu'elle constitue la matière de la vie pratique, est pour lui une corvée pénible.

Les deux premières conditions pour philosopher sont celles-ci : la première, d'avoir le courage de ne garder aucune question sur le cœur ; la seconde, d'amener à une conscience claire tout ce qui se comprend de soi-même, pour le concevoir comme problème. En outre, pour vraiment philosopher, l'esprit doit avoir pleins loisirs. Il ne doit poursuivre aucun autre but et ne pas se laisser leurrer par la volonté, mais se donner sans partage à l'enseignement que le monde intuitif et sa propre conscience lui départissent. Les professeurs de philosophie, eux, ont en vue leur intérêt et leur avantage personnels, aussi bien que ce qui y mène ; c'est là le point sérieux pour eux. Voilà pourquoi ils ne voient pas tant de choses qui sautent aux yeux et ne réfléchissent même pas une seule fois aux problèmes de la philosophie.

Le poète fait passer devant l'imagination des peintures de la vie, des caractères humains et des situations, met tout cela en mouvement, et laisse ensuite chacun penser auprès de ces peintures tout ce que sa force intellectuelle lui suggère. Aussi peut-il satisfaire des hommes dont les facultés sont le plus différentes, fous et sages à la fois. Le philosophe, lui, ne présente pas de cette façon la vie même, mais il expose les idées complètes qu'il en a abstraites, et réclame que son lecteur pense juste aussi loin que lui-même ; aussi son public est-il très restreint. Le poète est donc comparable à celui qui apporte les fleurs, le philosophe à celui qui en apporte la quintessence.

Un autre grand avantage des productions poétiques sur les productions philosophiques, c'est que les premières peuvent, sans se gêner, subsister toutes les unes à côté des autres, et que même les plus hétérogènes parmi elles peuvent être goûtées et appréciées par le même esprit; tandis que chaque système philosophique, à peine venu au monde, songe déjà à la destruction de tous ses frères, comme un sultan asiatique le jour de son avènement. Car, de même qu'il ne peut y avoir qu'une reine des abeilles dans la ruche, il ne peut y avoir qu'une philosophie à l'ordre du jour. Les systèmes sont d'une nature aussi insociable que les araignées, dont chacune se tient seule au centre de sa toile et regarde les nombreuses mouches qui y tomberont, mais s'approche d'une autre araignée uniquement pour la combattre. Ainsi, tandis que les œuvres des poètes paissent en paix les unes à côté des autres, comme des moutons, les œuvres des philosophes sont des animaux dévorants semblables, dans leur rage de destruction, aux scorpions, aux araignées et aux larves de certains insectes, qui s'acharnent de préférence contre leur propre espèce. Elles font leur apparition comme les guerriers armés nés des dents de dragon semées par Jason, et se sont jusqu'à présent, comme ceux-ci, exterminées mutuellement. Cette lutte dure depuis plus de deux mille ans; une victoire suprême et une paix durable en résulteront-elles jamais?

Par suite de cette nature essentiellement polémique, de ce *bellum omnium contra omnes* des systèmes philosophiques, il est infiniment plus difficile de se mettre en évidence comme philosophe que comme poète. L'œuvre du poète ne demande au lecteur que d'entrer dans la série des écrits qui l'amusent ou qui élèvent son esprit, et de lui consacrer quelques heures. L'œuvre du philosophe, au contraire, prétend bouleverser toute sa manière de penser, exige qu'il regarde comme une erreur tout ce qu'il a appris et cru jusque là dans cet ordre d'idées, comme perdus le temps et la peine qu'il y a employés, et qu'il recommence par le commencement; c'est au plus si elle laisse subsister quelques rudiments d'un prédécesseur, pour y appuyer elle-même sa base. Ajoutez que dans chaque professeur d'un système déjà existant elle a un adversaire de métier, et que parfois même l'État prend sous sa protection un système philosophique qui lui plaît, et empêche, par le secours de ses puissants moyens matériels, le succès de tout autre. Ajoutez encore que l'étendue du public philosophique est proportionnée à celle du public poétique comme le nombre des gens qui veulent s'instruire à celui des gens qui veulent s'amuser, et l'on pourra se rendre compte *quibus auspiciis* un philosophe fait son entrée. Il est vrai, d'autre part, que ce sont les applaudissements des penseurs, des élus de tous les temps et de tous les pays, sans distinction de nation, qui récompensent le philosophe ; la foule apprend peu à peu à honorer son nom sur autorité. En conséquence, par suite du lent mais profond effet de la marche de la philosophie dans la race humaine tout entière, l'histoire des philosophes se déroule, depuis des milliers d'années, parallèlement à celle des rois, et compte cent fois moins de noms que celle-ci. Aussi est-ce un grand résultat pour un philosophe que d'y faire à son nom une place durable.

L'écrivain philosophique est le guide, et son lecteur est le voyageur ; s'ils veulent arriver ensemble, ils doivent, avant tout, partir ensemble. Cela signifie que l'auteur doit prendre son lecteur à un point de vue commun à tous deux ; mais celui-ci ne peut être autre que celui de la conscience empirique qui nous est commun à tous. Que le philosophe saisisse donc son lecteur vigoureusement par la main et voie à quelle hauteur, par delà les nuages, il peut atteindre avec lui, pas à pas, le sentier de la montagne. C'est ainsi que Kant encore a procédé : il part de la conscience tout à fait vulgaire, aussi bien de celle du propre *moi* que de celle des autres choses. Quelle folie, au contraire, de vouloir partir du point de vue d'une prétendue intuition intellectuelle des rapports hyperphysiques, ou même de faits, ou aussi d'une raison qui perçoit le suprasensible, ou d'une raison absolue se pensant elle-même ! Car tout cela, c'est partir du point de vue de connaissances non directement communicables, ce qui fait que le lecteur ignore, dès le point de départ, s'il est avec son auteur ou est très éloigné de lui.

La conversation avec un autre, au sujet de nos sérieuses méditations et de notre contemplation intérieure des choses, est comme une machine par rapport à un organisme vivant. Dans la première seule tout est comme taillé d'une pièce ou joué sur un même ton ; aussi tout peut-il acquérir pleine clarté et pleine intelligibilité, véritable cohésion, en un mot, unité. Dans le second cas, au contraire, des pièces d'origine très différente sont jointes ensemble, et l'on obtient par force une certaine unité de mouvement qui s'arrête souvent à l'improviste. On ne comprend complètement que soi-même ; les autres seulement à moitié. On peut en effet atteindre au plus à la communauté des idées, et non à la conception intuitive qui constitue leur base. Aussi les profondes vérités philosophiques ne sont-elles jamais mises en lumière par voie de penser mutuel en dialogue. Ce procédé est pourtant très utile à la préparation, à la recherche, à la ventilation des problèmes, et ensuite à l'examen, au contrôle et à la critique de la solution proposée. Les *Dialogues* de Platon sont composés dans ce sens, et la seconde et troisième Académies qui sortirent de son école prirent pour ce motif une direction de plus en plus sceptique. Comme forme de communication des idées philosophiques, le dialogue écrit n'est à sa place que là où le sujet admet deux ou plusieurs vues toutes différentes et même opposées dont le jugement doit être laissé au lecteur, ou qui, prises ensemble, conduiront à la compréhension complète et exacte de la matière. Au premier cas appartient la réfutation des objections soulevées. La forme dialoguée choisie dans ce dessein doit d'ailleurs être très dramatique, vu que la diversité des opinions est tirée et élaborée du fond même des choses ; il doit y avoir réellement deux interlocuteurs. Faute de cela, le dialogue n'est qu'un vain jeu, comme c'est le plus souvent le cas.

Ni nos connaissances ni notre entendement ne s'accroîtront jamais beaucoup par la comparaison et la discussion de ce qui a été dit par d'autres ; car c'est toujours comme si l'on verse de l'eau d'un vase dans un autre. C'est seulement la contemplation des choses mêmes qui peut réellement enrichir l'entendement et la connaissance ; elle seule est en effet la source vivante toujours prête et toujours à portée de la main. Il est curieux de voir comment des philosophes imaginaires suivent constamment la première méthode et semblent ne pas connaître l'autre, préoccupés qu'ils ne cessent d'être de ce qu'a dit celui-ci et de ce qu'a pu penser celui-là. De façon qu'ils renversent toujours en quelque sorte de vieux tonneaux, pour voir si la moindre petite goutte n'y serait pas restée, tandis que la source vivante, négligée, coule à leurs pieds. Rien autant que ceci ne trahit leur incapacité et n'accuse de mensonge leur affectation d'importance, de profondeur et d'originalité.

Ceux qui espèrent devenir philosophes par l'étude de l'histoire de la philosophie devraient plutôt conclure de celle-ci que les philosophes, comme les poètes, *naissent* tout simplement, et ceux-là beaucoup plus rarement que ceux-ci.

Une étrange et indigne définition de la philosophie donnée encore par Kant lui-même, c'est qu'elle est une science de pures notions. Or, la possession entière des notions n'est autre chose que ce que l'on y dépose, après qu'on l'a emprunté de force à la connaissance intuitive, cette source réelle et inépuisable de toute idée. Aussi une véritable philosophie ne se laisse-t-elle pas dévider avec de pures notions abstraites, mais doit être fondée sur l'observation et l'expérience aussi bien internes qu'externes. Ce n'est pas non plus par des tentatives de combinaisons d'idées, comme l'ont fait si fréquemment les sophistes de notre temps, Fichte et Schelling, d'une façon pire encore Hegel, et en morale Schleiermacher, qu'on accomplira jamais quelque chose de bien en philosophie. Comme l'art et la poésie, elle doit avoir sa source dans la conception intuitive du monde. En outre, quoique la tête doive garder sa position dominante, la philosophie ne doit pas être traitée si froidement, qu'à la fin l'homme tout entier n'entre en action, tête et cœur, et ne soit entièrement secoué. La philosophie n'est pas une formule algébrique. Vauvenargues a dit justement : « Les grandes pensées viennent du cœur[1] ».

Considérée dans son ensemble, la philosophie de tous les temps peut être envisagée comme un pendule qui oscille de côté et d'autre entre le rationalisme et l'illuminisme, c'est-à-dire entre l'emploi des sources objective et subjective de la connaissance

Le rationalisme, qui a pour organe l'intellect originellement assigné au service de la volonté et dirigé, pour cette raison, vers le dehors, apparaît d'abord comme dogmatisme, gardant une attitude absolument objective. Puis il se change en scepticisme, et devient finalement criticisme, entreprenant d'aplanir la lutte en tenant compte du sujet; en un mot, il devient philosophie transcendentale. J'entends par là toute philosophie qui part de cette proposition que son objet le plus proche et le plus immédiat n'est pas le monde des choses, mais uniquement la conscience humaine des choses, laquelle, en conséquence, ne peut jamais être laissée de côté. Les Français nomment ceci, assez inexactement, la « méthode psychologique », en opposition à la « méthode purement logique », par laquelle ils entendent, sans plus de malice, la philosophie qui procède des objets, ou des notions objectivement pensées, c'est-à-dire le dogmatisme. Arrivé à ce point, le rationalisme parvient à la connaissance que son organe saisit seulement le phénomène, mais n'atteint pas l'essence suprême, intime et propre des choses.

A toutes ses périodes, mais surtout à celle-ci, l'illuminisme se dresse comme une antithèse contre celui-là. L'illuminisme, essentiellement tourné en dedans, a pour

1. En français dans le texte.

organe l'illumination intérieure, l'intuition intellectuelle, la conscience supérieure, la raison directement connaissante, la conscience divine, l'unification, etc., et méprise le rationalisme comme la « lumière de la nature ». S'il s'augmente d'une religion, il devient mysticisme. Son défaut fondamental est que sa connaissance n'est pas communicable, et cela pour deux raisons. La première, c'est qu'il n'y a pas, pour la perception intérieure, de *criterium* d'identité de l'objet de différents sujets; la seconde, parce qu'une telle connaissance devrait être communiquée par le langage. Mais celui-ci, qui a pris naissance pour venir en aide à la connaissance de l'intellect dirigée au dehors, par le moyen de ses propres abstractions, est absolument incapable d'exprimer les états intérieurs qui en diffèrent fondamentalement, et qui forment la matière de l'illuminisme; celui-ci devrait donc se former un langage propre, ce qui, pour la raison indiquée, ne va pas.

Non communicable, une pareille connaissance n'est pas non plus démontrable. La conséquence en est que le rationalisme rentre de nouveau en scène, donnant la main au scepticisme. On peut déjà trouver l'illuminisme dans certains passages de Platon. Mais il apparait plus nettement dans la philosophie des néo-platoniciens, des gnostiques, de Denys l'Aréopagite, de Scot Erigène; chez les mahométans, dans les doctrines des soufis; dans l'Inde, où il pénètre le *Vedanta* et le *Mimansa*; ses plus ardents adhérents sont toutefois Jacob Bœhme et tous les mystiques chrétiens. Il apparait chaque fois que le rationalisme a parcouru son stade sans atteindre le but. C'est ainsi qu'il est venu vers la fin de la philosophie scolastique et en opposition avec elle, spécialement parmi les Allemands, comme le mysticisme de

Tauler et de l'auteur de la *Théologie germanique* entre autres; et, dans les temps modernes, en oppositio avec la philosophie de Kant, chez Jacobi et Schelling, dans la dernière période de Fichte. Mais la philosophi doit être une connaissance communicable, par cons quent rationaliste. Aussi ai-je mentionné dans ma ph losophie, en terminant, il est vrai, le domaine de l'illu minisme comme existant, mais je me suis bien gard d'y aventurer un seul pas. Au contraire, je n'ai pas mêm entrepris de donner les conclusions dernières sur l'exi tence du monde, et ne me suis avancé sur le terrai objectif rationaliste qu'autant que cela était possibl J'ai laissé la voie libre à l'illuminisme, pour qu'il résolv à sa façon toutes ses énigmes, sans me barrer le chemi ou polémiser contre moi.

Néanmoins le rationalisme peut trop souvent avoi pour base un illuminisme caché, que le philosoph regarde ensuite comme un compas caché, tandis qu' prétend ne diriger sa course que d'après les étoile c'est-à-dire d'après les objets extérieurs qui se prése tent nettement à lui, et qu'il fait seuls entrer en compt Ceci est admissible, puisqu'il n'entreprend pas de com muniquer la connaissance incommunicable, ses commu nications restant purement objectives et rationnelle Tel a pu être le cas pour Platon, Spinoza, Malebranch et beaucoup d'autres; la chose ne regarde personne, ca elle est le secret de leur cœur. Au contraire, la bruyant évocation de l'intuition intellectuelle et l'effrontée na

1. Voir, sur ce petit livre mystique du XIVe siècle allemand, cher au cœur de Schopenhauer, la note du volume de notre sér *Sur la religion*, p. 135. Il est attribué au strasbourgeois Taule mort en 1361. La nouvelle édition de la *Théologie germaniqu* par Herman Buttner, que nous annoncions alors comme prochain a paru en 1907 (Eugène Diederichs, Iéna). (*Le trad.*)

ration de son contenu, avec la prétention de sa validité objective, comme dans les cas de Fichte et de Schelling, est honteuse et méprisable.

En lui-même, d'ailleurs, l'illuminisme est une tentative naturelle, et par conséquent justifiable, de rechercher la vérité. Car l'intellect dirigé vers le dehors, comme pur organe des buts de la volonté, et en conséquence purement secondaire, n'est qu'une partie de notre être humain ; il appartient au phénomène, et sa connaissance répond simplement à celui-ci, puisqu'il n'est là que pour venir en aide à la connaissance. Que peut-il y avoir de plus naturel, quand nous avons échoué avec l'intellect objectif connaissant, que de mettre en jeu tout le reste de notre être, qui est ainsi chose en soi, appartient par conséquent à la véritable essence du monde, et doit porter en soi la solution de tous les problèmes, pour chercher secours auprès de lui, — comme les anciens Germains qui, lorsqu'il avaient tout perdu au jeu, finissaient par jouer leur propre personne? Mais la seule façon correcte et objectivement valable de bien exécuter la chose, c'est que nous saisissions le fait empirique d'une volonté se manifestant elle-même dans notre for intérieur, constituant notre unique essence, et que nous l'appliquions à l'élucidation de la connaissance objective extérieure. C'est ainsi, pour ma part, que j'ai procédé. Par contre, la route de l'illuminisme ne conduit pas au but, pour les raisons exposées.

La pure habileté suffit pour faire un sceptique, mais non un philosophe. En attendant, le scepticisme est à la philosophie ce que l'opposition est à un parlement : une chose aussi bienfaisante que nécessaire. Il repose universellement sur le fait que la philosophie n'est pas capable d'une évidence de même nature que celle des mathématiques ; pas plus que l'homme n'est capable des tours artistiques des animaux, qui sont également certains *à priori*. Voilà pourquoi le scepticisme pourra toujours faire pencher un plateau de la balance. Mais son poids finira par devenir si faible à l'égard de l'autre plateau, qu'il ne lui nuira pas plus qu'à la quadrature arithmétique du cercle, qui n'est aussi qu'approximative.

Ce que l'on sait a une double valeur, si l'on avoue en même temps que l'on ignore ce qu'on ne sait pas. Car, par là, la première chose est affranchie du soupçon à laquelle on l'expose, si, comme les disciples de Schelling, par exemple, on affirme savoir ce qu'on ne sait pas.

Jugements de raison : tel est le nom donné par chacun à certaines propositions que, sans investigation, il tient pour vraies, et dont il se croit si convaincu, que, même s'il le voulait, il ne pourrait parvenir à les examiner sérieusement, car cela le rendrait sceptique à leur égard. Elles ont pris si fortement racine chez lui, parce que, lorsqu'il a commencé à parler et à penser, on les lui a constamment répétées, et ainsi inoculées. Aussi son habitude de les penser est-elle aussi vieille que son habitude de penser en général ; il ne peut plus séparer ces deux habitudes, qui ont pris place en même temps dans son cerveau. Ce que je dis ici est si vrai, qu'il serait superflu d'une part, fâcheux de l'autre, d'alléguer à cet égard des exemples.

Aucune conception du monde issue d'une appréhension objectivement intuitive des choses, et logiquement conduite à terme, ne peut être entièrement fausse ; elle est, au pire des cas, seulement exclusive : ainsi, le matérialisme complet, l'idéalisme absolu, etc. Elles sont toutes vraies, mais elles le sont toutes également ; par suite, leur vérité n'est que relative. Chaque conception de cette sorte n'est vraie que d'un point de vue déterminé, comme un tableau ne représente un paysage que d'un seul point de vue. Mais si l'on s'élève au-dessus du point de vue d'un tel système, on reconnaît la relativité de sa vérité, c'est-à-dire son caractère exclusif. Seul le point de vue le plus haut, qui envisage et suppute tout, peut fournir la vérité absolue.

C'est donc une chose vraie, par exemple, si je me considère moi-même comme un pur produit naturel né dans le temps et destiné à la complète destruction, à peu près à la manière du Kohéleth[1] ; mais il est également vrai que tout ce qui fut jamais et sera jamais, je le suis, et qu'en dehors de moi il n'y a rien. C'est une

1. Le Kohéleth, qu'en français on orthographie plutôt Cohélet (le prédicateur), est, en hébreu, à la fois le titre et le héros du petit livre de l'*Ancien Testament* désigné sous le nom grec de l'*Ecclésiaste*, qui a le même sens. Jamais, on le sait, chant de désespoir plus douloureux n'a retenti aux oreilles de l'humanité et ne l'a ébranlée dans ses fibres les plus intimes, en lui répétant inlassablement, sous forme d'images terribles, que « tout est vanité » ici-bas. Renan, qui l'a étudié de près et traduit, nous dit à ce sujet : « Le *Cohélet* est un livre profondément moderne. Le pessimisme de nos jours y trouve sa plus fine expression. L'auteur nous apparaît comme un Schopenhauer résigné... Ce que Cohélet est bien essentiellement et par excellence, c'est le Juif moderne. De lui à Henri Heine, il n'y a qu'une porte à entr'ouvrir » (*Histoire du peuple d'Israël*, t. V, livre IX, chap. XV). Quoique les anciens Juifs et les Pères de l'Eglise aient mis l'*Ecclésiaste* au compte du roi Salomon, ainsi que les *Proverbes* et le *Cantique des cantiques*, il est aujourd'hui démontré que le fils de David est absolument étranger à ces trois écrits, et que le premier, comme le révèle avant tout son style décadent, est antérieur d'une centaine d'années seulement à la naissance de Jésus-Christ. (*Le trad.*)

chose vraie, si, à la façon d'Anacréon, je place le bonheur suprême dans la jouissance présente ; mais c'est une chose également vraie, si je reconnais le bienfait de la souffrance et le néant, pire que cela, le danger corrupteur du plaisir, et envisage la mort comme le but de mon existence.

Tout cela a sa raison dans ce que chaque conception logiquement conduite à terme n'est qu'une appréhension intuitivement objective de la nature, traduite en notions et fixée par celle-là ; mais la nature, c'est-à-dire l'intuitif, ne ment jamais ni ne se contredit, car son essence s'y oppose. Là donc où il y a contradiction et mensonge, ce sont des pensées qui ne sont pas issues de l'appréhension objective, par exemple dans l'optimisme. Par contre, une appréhension objective peut être incomplète et exclusive ; elle demande alors à être complétée, non réfutée.

On ne se lasse pas de reprocher à la métaphysique ses progrès si faibles, en comparaison des progrès si grands des sciences physiques. Déjà Voltaire s'exclame : « O métaphysique ! nous sommes aussi avancés que du temps des premiers druides » (*Mélanges de philosophie*, chap. IX). Mais quelle autre science s'est jamais heurtée de tout temps, comme elle, à un antagoniste *ex officio*, à un accusateur fiscal appointé, à un *King's champion* armé de pied en cap, qui l'attaquent sans qu'elle puisse se défendre ? Jamais elle ne pourra montrer ses véritables forces, faire ses enjambées gigantesques, tant qu'on exigera d'elle, avec des menaces, qu'elle s'accommode aux dogmes appropriés à la si mince capacité de la grande masse. On commence par nous lier les bras, puis on nous raille de ce que nous ne pouvons rien faire.

Les religions se sont emparées de la tendance métaphysique de l'homme, en la paralysant d'abord de bonne heure par l'empreinte de leurs dogmes, en interdisant ensuite sévèrement toutes les manifestations libres et spontanées de cette tendance ; de sorte que la libre recherche sur les problèmes les plus importants et les plus intéressants, sur l'existence même, est refusée à l'homme directement ou indirectement, et rendue subjectivement impossible par cette paralysie ; et c'est ainsi que la plus sublime des tendances humaines se voit enchainée.

Pour nous rendre tolérants à l'égard des opinions opposées aux nôtres, et patients en face de la contradiction, rien peut-être n'est plus salutaire que de nous rappeler combien de fois nous-mêmes nous avons eu successivement des idées tout à fait opposées sur le même objet, en avons changé parfois en très peu de temps, avons rejeté puis repris tantôt telle manière de voir, tantôt la manière opposée, selon que l'objet se présentait à nous sous tel ou tel jour.

De même, pour faire accepter par un autre la contradiction que nous opposons à ses idées, rien n'est plus approprié que cette phrase : « J'ai été jadis aussi de cet avis ; mais, etc. »

Une doctrine erronée, qu'elle soit fondée sur une fausse manière de voir ou née d'une mauvaise intention, n'a jamais en vue que des circonstances spéciales, par conséquent un certain laps de temps ; la vérité seule est éternelle, quoiqu'elle puisse être méconnue ou étouffée momentanément. Dès qu'un peu de lumière arrive du dedans, ou un peu d'air du dehors, il se trouve toujours quelqu'un pour annoncer la bonne nouvelle. Ne provenant pas des vues intéressées d'un parti, chaque esprit supérieur se fera n'importe quand son champion. Elle ressemble en effet à l'aiguille aimantée, qui indique constamment un point absolument déterminé de l'univers; la doctrine erronée, au contraire, à une statue qui montre de la main une autre statue d'avec laquelle elle est désormais séparée, ce qui lui a fait perdre à elle-même toute signification.

Ce qui met le plus obstacle à la découverte de la vérité, ce n'est pas la fausse apparence provenant des choses et menant à l'erreur, ni même directement la faiblesse de l'intelligence ; c'est l'opinion préconçue, le préjugé, qui s'oppose comme un *à priori* bâtard à la vérité, et ressemble alors à un vent contraire, qui éloigne le vaisseau de la direction de la terre ; de sorte que gouvernail et voile travaillent maintenant en vain.

Je commente de la façon suivante ces vers de Gœthe :

« Ce que tu as hérité de tes pères,
Acquiers-le, pour le posséder [1] ».

Trouver soi-même par ses propres ressources, indépendamment d'eux et avant qu'on le sache, ce que des penseurs ont trouvé avant nous, cela est d'une grande valeur et d'une grande utilité. Car l'on comprend bien plus à fond ce que l'on pense par soi-même que ce

1. « Was du ererbt von deinen Vätern hast,
Erwib es, um es zu besitzen ».

Ce sont deux vers fameux du monologue de Faust, dans la scène qui ouvre le drame. (*Le trad.*)

qu'on a appris des autres, et l'on reçoit, en retrouvant ses idées chez des prédécesseurs d'une autorité reconnue, une forte confirmation inattendue de la vérité de ces idées. Cela vous donne confiance et assurance pour les défendre contre tout adversaire.

Quand, au contraire, on a commencé par trouver quelque chose dans les livres, puis qu'on obtient le même résultat par sa propre réflexion, on ne sait jamais avec certitude si l'on a pensé et jugé cela soi-même, ou si l'on n'a pas seulement été l'écho des paroles ou des sentiments desdits prédécesseurs. Or, ceci établit une grande différence quant à la certitude de la chose. Dans le dernier cas, en effet, on pourrait s'être trompé avec ces prédécesseurs uniquement par préoccupation, juste comme l'eau suit facilement le courant qui lui est tracé. Quand deux personnes, chacune de leur côté, font un calcul et obtiennent le même résultat, celui-ci est certain : mais non pas quand le calcul de l'une a été simplement revu par l'autre.

C'est par une conséquence de la construction de notre intellect, issu de la volonté, que nous ne pouvons nous empêcher de concevoir le monde ou comme but, ou comme moyen. Le but signifierait que l'existence du monde est justifiée par son essence, et, par suite, indéfiniment préférable à sa non existence. Mais la constatation que le monde n'est qu'un champ de bataille plein d'êtres qui souffrent et qui meurent, rend cette idée insoutenable. D'autre part, l'infinité du temps déjà écoulé, grâce à laquelle tout but à atteindre aurait depuis longtemps été atteint, ne permet pas de concevoir le monde comme moyen. Il s'ensuit de là que cette application de la présupposition naturelle de notre intellect à l'ensemble des choses, ou du monde, est transcendante, c'est-à-dire est valable *dans* le monde, mais non *pour* le monde. Cela s'explique par le fait qu'elle provient de la nature d'un intellect qui, je l'ai montré, est né pour le service d'une volonté individuelle, c'est-à-dire pour l'obtention de ses objets, et qui, exclusivement calculé en vue de buts et de moyens, ne connaît ni ne conçoit rien d'autre.

Si nous regardons en dehors, où l'incommensurabilité du monde et la quantité innombrable des êtres se déploient devant nous, notre *moi*, en tant qu'individu, se réduit à rien et semble disparaître. Entraîné par l'immensité même de la masse et du nombre, on pense en outre que seule la philosophie dirigée vers le dehors, c'est-à-dire la philosophie objective, est dans le bon chemin ; et c'est ce dont les plus anciens philosophes grecs n'ont jamais eu l'idée de douter.

Regardons maintenant en dedans. Nous voyons, avant tout, que chaque individu ne prend un intérêt immédiat qu'à lui-même, que sa propre personne lui tient plus à cœur que toutes les autres ensemble ; cela résulte du fait qu'il se connaît seul directement, et ne connaît les autres qu'indirectement. Si l'on ajoute que les êtres conscients et connaissants ne sont concevables que comme individus, tandis que les êtres inconscients n'ont qu'une demi-existence purement médiate, il s'ensuit que toute véritable et réelle existence ne se réfléchit que dans les individus. Si l'on considère enfin que l'objet est conditionné par le sujet et que, par suite, ce monde extérieur incommensurable n'a son existence que dans la conscience d'êtres connaissants, et, conséquemment, est si étroitement lié à la conscience des individus qui en forment les supports, que dans ce sens il peut même être regardé comme un simple décor, un accident de la conscience toujours individuelle ; si, dis-je, on tient compte de tout cela, on en arrive à l'opinion que seule la philosophie dirigée vers le dedans, partant du sujet comme donnée immédiate, en un mot la philosophie moderne depuis Descartes, est seule dans la bonne voie, et que les anciens ont perdu de vue l'essentiel. Mais on ne sera parfaitement convaincu de ce que j'avance, que si, descendant profondément en soi-même, on porte à sa conscience le sentiment de la primordialité qui réside dans chaque être connaissant. Il y a plus. Chaque être humain, même le plus insignifiant, se trouve dans la simple conscience de son *moi* le plus réel de tous les êtres, et reconnaît nécessairement en lui-même le véritable centre du monde, la source primitive de toute réalité. Et cette conscience originelle mentirait? Sa plus forte expression se trouve dans ces paroles des *Upanishads: Hæ omnes creaturæ in totum ego sum, et præter me ens aliud non est, et omnia ego creata feci*[1] » (t. I, p. 122).

C'est là certainement une transition à l'illuminisme, voire au mysticisme. Tel est donc le résultat de la contemplation dirigée vers le dedans, tandis que celle dirigée vers le dehors nous fait apercevoir, comme but de notre existence, un petit tas de cendres[2].

1. « Je suis toutes ces créatures en bloc, et, à part moi, il n'y a pas d'autre être, et j'ai fait toutes les choses créées ». Les *Upanishads* (séance, leçon), que Schopenhauer aime à citer, sont des instructions philosophiques et morales rédigées par les brahmanes, dont Anquetil-Duperron donna en 1801 une traduction latine : *Oupnekhat, sive Arcanum tegendum*, 2 vol. in-4°, dans laquelle notre philosophe les lisait. (*Le trad.*)

2. *Fini* et *infini* sont des notions qui n'ont de sens que par

La division de la philosophie, qui est spécialement importante en ce qui concerne son exposé, devrait, à mon avis, être effectuée de la manière suivante.

La philosophie a pour objet, sans aucun doute, l'expérience, mais non, comme les autres sciences, telle ou telle expérience déterminée; c'est l'expérience même, générale et telle, en accord avec sa possibilité, son domaine, son contenu essentiel, ses éléments internes et externes, sa forme et sa matière. La philosophie doit en conséquence avoir des fondements empiriques et non être tissée de notions purement abstraites, ainsi que je l'ai amplement démontré dans les Suppléments au *Monde comme volonté et comme représentation* (livre I, chap. XVII), et rapidement résumé plus haut. Il résulte de là que la première chose dont elle doit tenir compte est le *medium* dans lequel se présente l'expérience en général, avec la forme et la nature de celui-ci. Ce *medium* est la représentation, la connaissance, c'est-à-dire l'intellect. Pour cette raison, toute philosophie doit commencer par l'investigation de la faculté de connaissance, de ses formes et de ses lois, comme de leur validité et de leurs limites. Une telle investigation sera donc une *philosophia prima*. Elle se divise en examen des représentations primaires, ou intuitives, que l'on peut nommer dianoiologie, ou doctrine de l'intelligence; et en examen des représentations secondaires, ou abstraites, avec l'ordre de leur traitement,

rapport à l'espace et au temps, ceux-ci étant tous deux infinis, c'est-à-dire sans fin, et aussi divisibles à l'infini. Si l'on applique ces deux notions à d'autres choses encore, ces choses doivent être de celles qui remplissent l'espace et le temps, participent par eux à leurs propriétés. On peut voir par là l'abus que les philosophastres et les charlatans de ce siècle ont fait de ces deux notions.

formant la logique, ou doctrine de la raison. Cette partie générale comprend, ou plutôt représente à la fois ce qu'on nommait jadis ontologie et qu'on tenait pour la doctrine des qualités les plus universelles et les plus essentielles des choses en général et comme telles ; on prenait pour les qualités des choses en elles-mêmes ce que la forme et la nature seules de notre faculté de représentation y ajoutent, toutes les essences que celle-ci doit saisir devant se représenter par elle, ce qui leur imprime certaines propriétés communes à toutes. C'est comme si l'on attribuait la couleur d'un verre aux objets que l'on voit à travers.

La philosophie qui suit ces investigations est, au sens étroit, la métaphysique, puisqu'elle n'apprend pas seulement à connaître ce qui existe, la nature considérée dans son ordre et sa connexion, mais la conçoit comme un phénomène donné, quoique conditionné d'une façon quelconque, dans lequel se représente un être différent de ce phénomène, en d'autres termes, la chose en soi. Celui-ci, à son tour, cherche à mieux connaître cet être. Les moyens à sa disposition sont, d'une part, la réunion de l'expérience externe à l'expérience interne ; d'autre part, la compréhension du phénomène entier, grâce à la découverte de son sens et de sa connexion : ce que l'on peut comparer au déchiffrement des caractères jusque là énigmatiques d'une écriture inconnue. Par cette voie elle parvient du phénomène au phénoménal, à ce qui est caché derrière celui-là : de là τὰ μετὰ τὰ φυσικά. En conséquence, elle se divise en trois parties :

Métaphysique de la nature.
Métaphysique du beau.
Métaphysique des mœurs.

La déduction de cette division présuppose déjà la métaphysique. Car celle-ci démontre la chose en soi, l'essence intime et dernière du phénomène, dans notre volonté. En conséquence, après avoir examiné comment elle se représente dans la nature extérieure, on passe à la recherche de sa manifestation toute différente et directe en nous-mêmes, d'où procède la métaphysique des mœurs. Mais, auparavant, on prend encore en considération la conception la plus complète et la plus pure de son phénomène externe ou objectif, ce qui donne la métaphysique du beau.

Il n'y a pas de psychologie rationnelle ou de doctrine de l'âme, parce que, ainsi que Kant l'a démontré, l'âme est une hypostase transcendante comme telle, mais indémontrée et injustifiée, de sorte que l'opposition entre « esprit et nature » reste abandonnée aux philistins et aux hégéliens. L'essence en soi de l'homme ne peut être comprise qu'en conjonction avec l'essence en soi de toutes choses, c'est-à-dire du monde. Aussi Platon, dans son *Phèdre*, fait-il déjà poser la question par Socrate dans un sens négatif: Ψυχῆς οὖν φύσιν ἀξίως λόγου κατανοῆσαι οἴει δυνατὸν εἶναι ἄνευ τῆς τοῦ ὅλου φύσεως [1]. Le microcosme et le macrocosme s'expliquent réciproquement, ce qui fait qu'ils s'évincent comme étant essentiellement la même chose. Cette considération liée à la partie intérieure de l'être humain pénètre et emplit la métaphysique, et ne peut, cela étant, réapparaître séparément comme psychologie. Par contre, l'anthropologie, comme science expérimentale, a sa justification, mais elle est en partie anatomie et physiologie, en partie pure psychologie empirique, c'est-à-dire une

1. « Penses-tu qu'on puisse connaître suffisamment la nature de l'âme, sans connaître la nature universelle ? »

connaissance, dérivée de l'observation, des manifestations morales et intellectuelles et des particularités de la race humaine, comme de la diversité des individualités sous ce rapport. La plus importante part de ceci est néanmoins nécessaire comme matière empirique dont les trois parties de la métaphysique doivent s'emparer pour les mettre en œuvre. Le reste requiert une fine observation et une intelligente interprétation, voire un examen d'un point de vue un peu élevé, je veux dire d'un point de vue un peu supérieur. Aussi n'y goûtera-t-on de satisfaction que dans les écrits d'esprits spécialement doués, tels que Théophraste, Montaigne, La Rochefoucauld, La Bruyère, Helvétius, Chamfort, Addison, Shaftesbury, Shenstone, Lichtenberg, etc. Mais il faut bien se garder de chercher cela dans les compendiums de professeurs de philosophie inintelligents, qui par cela même haïssent l'intelligence.

LOGIQUE ET DIALECTIQUE

Toute vérité générale est aux vérités spéciales ce que l'or est à l'argent ; on peut la convertir en une quantité considérable de vérités spéciales qui se déduisent d'elle, comme une pièce d'or se convertit en petite monnaie. Ainsi, par exemple, ces énonciations : — La vie des plantes est un *processus* de désoxydation, tandis que la vie des animaux en est un d'oxydation ; — là où tourne un courant électrique, se produit aussitôt un courant magnétique, qui le coupe perpendiculairement ; — *nulla animalia vocalia, nisi quæ pulmonibus respirant* ; — tout animal fossile est un animal perdu ; — nul animal ovipare n'a de diaphragme ; — ce sont là des vérités générales d'où l'on peut tirer beaucoup de vérités particulières qu'on emploiera à l'explication des phénomènes qui se produisent, ou de ceux qui précèdent l'examen. Les vérités générales en morale, en psychologie, n'ont pas moins d'importance : dans ce domaine, toute règle générale, toute sentence de la même espèce, tout proverbe sont comme de l'or. Car ils sont la quintessence de milliers de faits qui se reproduisent chaque jour, et qui, exemplifiés par eux, sont ainsi mis en relief.

Un jugement analytique est seulement une notion

développée, tandis qu'un jugement synthétique est la formation d'une notion nouvelle à l'aide de deux notions existant déjà ailleurs dans l'intellect. Mais la liaison de celles-ci doit être ménagée et effectuée ensuite par quelque intuition. Et selon que celle-ci sera empirique ou purement *à priori*, le jugement qui en surgira sera synthétique *à posteriori* ou *à priori*.

Tout jugement analytique renferme une tautologie, et tout jugement exempt de tautologie est synthétique. Il résulte de là que, dans le discours, il ne faut employer les jugements analytiques qu'en présupposant que celui à qui l'on parle ne connaît pas ou ne se rappelle pas aussi bien l'idée du sujet, que celui qui parle. D'autre part, le caractère synthétique des principes géométriques se démontre par le fait qu'ils ne renferment aucune tautologie. En arithmétique, la chose est moins apparente, quoique ce soit aussi le cas. Que, par exemple, de 1 compté jusqu'à 4 et de 1 compté jusqu'à 5 l'unité se répète juste aussi souvent que de 1 compté jusqu'à 9, ce n'est pas là une tautologie; c'est un fait ménagé par la pure intuition du temps, et inconcevable sans celle-ci.

D'un seul principe on ne peut déduire plus qu'il ne renferme déjà, c'est-à-dire plus qu'il n'en dit lui-même pour la compréhension complète de son sens; mais de deux principes, quand ils sont liés syllogistiquement à des prémisses, on peut déduire plus qu'il n'y a dans chacun d'eux pris séparément. C'est ainsi qu'un corps chimiquement composé montre des propriétés que ne possède aucune de ses parties en elle-même. Telle est la valeur des déductions.

Toute démonstration est une déduction logique du

principe affirmé en vertu d'un principe déjà admis et certain, avec l'aide d'un autre, comme seconde prémisse. Ce principe doit à son tour avoir une certitude immédiate, et, plus exactement, primordiale, ou résulter logiquement d'un principe qui la possède. Ces principes d'une certitude primordiale, c'est-à-dire non transmise par des preuves, qui constituent les vérités fondamentales de toutes les sciences, sont constamment nés par transmission dans le penser, l'abstrait, de ce qui a été saisi intuitivement. Pour cette raison on les nomme *évidents,* qualificatif qui s'adresse seulement à eux, et non aux principes simplement démontrés qu'on ne peut qualifier de logiques que comme *conclusiones ex præmissis.* Leur vérité n'est donc jamais que médiate, dérivée et empruntée; néanmoins ces principes peuvent être aussi assurés que n'importe quel principe d'une vérité immédiate, et cela quand ils sont logiquement déduits d'un principe de ce genre, fût-ce à travers des principes intermédiaires. Même, avec cette supposition, leur vérité est souvent plus facile à démontrer et à faire saisir à chacun, que celle d'un principe primordial d'une vérité seulement reconnaissable immédiatement et intuitivement; car, pour reconnaître celui-ci, font défaut les conditions tantôt objectives, tantôt subjectives. Ce rapport est analogue à celui existant entre l'aimant en acier créé par communication et l'aimant naturel, dont la force d'attraction est souvent beaucoup inférieure à celle du premier.

Les conditions subjectives de la connaissance des principes directement vrais constituent ce qu'on nomme le jugement; mais celui-ci fait partie des privilèges des têtes supérieures; tandis que la faculté de tirer des prémisses données l'exacte conclusion, ne fait défaut à aucune tête saine. La fixation des principes primordiaux directement vrais exige la transmission de ce qui est reconnu intuitivement dans la connaissance abstraite; mais c'est là une faculté extrêmement bornée dans les têtes ordinaires, et qui ne s'étend qu'aux rapports facilement perceptibles, tels, par exemple, que les axiomes d'Euclide, ou aussi à des faits très simples et incontestables, étalés là devant elles. Ce qui dépasse cela ne peut, dans leur persuasion, s'effectuer que par voie de preuve, qui ne réclame d'autre connaissance directe que celle qui est exprimée, en logique, par les principes de la contradiction et de l'identité, et qui, dans les preuves, se répète à chaque pas. C'est donc par cette route qu'elles doivent être ramenées aux vérités extrêmement simples que seules elles sont capables de saisir directement. Si, en cette occurrence, on va du général au particulier, c'est de la déduction; si l'on fait le contraire, de l'induction.

Les têtes capables de jugement, par contre, et au premier rang les inventeurs et les découvreurs, possèdent à un degré beaucoup plus haut la faculté de passer de l'intuitif à l'abstrait, ou chose pensée; de sorte que cette faculté s'étend jusqu'à pénétrer des circonstances très compliquées, de telle sorte que le champ des principes directement vrais s'agrandit considérablement pour elles et embrasse beaucoup de notions, dont les autres têtes ne peuvent jamais acquérir qu'une conviction plus faible et seulement indirecte. Ces dernières ne recherchent en réalité qu'après coup la preuve d'une vérité nouvellement découverte, c'est-à-dire sa réduction à des vérités déjà reconnues ou incontestables. Il y a cependant des cas où ceci n'est pas de mise. Par exemple, je ne puis trouver de preuve pour les six fractions par lesquelles j'ai exprimé les six couleurs principales, et qui seules révèlent l'essence spécifique de chacune d'elles, et expliquent ainsi pour la première fois la couleur à l'intelligence ; cependant la certitude immédiate de celles-ci est si grande, que toute tête capable de jugement n'en peut guère douter. Voilà pourquoi M. le professeur Rosas, de Vienne, a pris sur lui de la donner comme le fruit de sa pénétration personnelle. Je renvoie à ce sujet à mon livre sur *La volonté dans la nature,* rubrique « Physiologie et pathologie ».

La controverse, la discussion sur un sujet théorique peuvent sans aucun doute être très fécondes pour les deux parties en jeu, en rectifiant ou en confirmant leurs idées, ou en en éveillant de nouvelles. C'est le frottement ou la collision de deux têtes qui provoque souvent des étincelles ; cette collision est d'ailleurs analogue à celle des corps, dans laquelle le plus faible a souvent à souffrir ; tandis que le plus fort s'en trouve bien et ne fait entendre qu'un cri de victoire. Pour cette raison il est nécessaire que les deux argumentateurs soient à peu près de la même force aussi bien au point de vue des connaissances que de l'esprit et de l'habileté. Si l'un d'eux manque des premières, il n'est pas « au niveau[1] », et, partant, reste inaccessible aux raisons de l'autre ; il se trouve, dans le duel, en quelque sorte en dehors du terrain. S'il manque d'esprit et d'habileté, l'irritation qu'il ne tardera pas à en concevoir l'induira peu à peu à toutes sortes de déloyautés, de subterfuges et de chicanes dans la discussion, et, si ceux-ci lui sont démontrés, à la grossièreté. Conséquemment, de même que dans les tournois les égaux seuls pouvaient com-

1. En français dans le texte.

battre, un savant doit avant tout s'abstenir de discuter avec des ignorants. Il ne peut en effet employer contre eux ses meilleurs arguments, parce qu'ils sont dépourvus des connaissances nécessaires pour les comprendre et les peser. S'il essaie néanmoins, dans cette circonstance embarrassante, de les leur faire saisir, il échouera le plus souvent. Ceux-ci même lui opposeront parfois un lourd et mauvais contre-argument qui semblera leur donner raison aux yeux d'auditeurs également ignorants. Voilà pourquoi Gœthe dit :

Ne te laisse à aucun moment
Entraîner à la contradiction.
Les sages tombent dans l'ignorance,
Quand ils discutent avec les ignorants [1]

Mais la situation est pire encore, quand l'adversaire manque d'esprit et d'intelligence ; à moins qu'il ne supplée à cette lacune par un effort sincère en vue de la vérité et du savoir. S'il n'en est pas ainsi, il se sent bien vite blessé à l'endroit le plus sensible. Alors son contradicteur remarque aussitôt que ce n'est plus avec son intellect qu'il est aux prises, mais avec la partie radicale de l'homme, avec sa volonté, qui ne veut qu'une chose : remporter la victoire *per fas* ou *per nefas*. Son intelligence n'est plus désormais dirigée que vers les ruses, les artifices et les déloyautés de tout genre ; ceux-ci une fois percés à jour, il recourra finalement à la grossièreté pour compenser de façon ou

1. « Lass dich nur zu keiner Zeit
Zum Widerspruch verleiten.
Weise verfallen in Unwissenheit,
Wenn sie mit Unwissenden streiten ».

C'est la 28e pièce du *Livre des maximes* du *Divan oriental-occidental.* (*Le trad.*)

d'autre son infériorité constatée, et, suivant le rang et la situation des adversaires, transformer la lutte des esprits en lutte des corps, où il espère pour lui de meilleures chances. D'où cette seconde règle, qu'il ne faut pas discuter avec des gens dont l'intelligence est bornée.

On voit par là qu'il ne reste plus beaucoup de personnes avec lesquelles on peut s'engager dans une controverse ; et vraiment cela ne devrait arriver qu'avec celles qui constituent déjà des exceptions. Les gens ordinaires trouvent déjà mauvais qu'on ne soit pas de leur avis ; mais ils devraient s'arranger de manière qu'on puisse l'adopter. Quoi qu'il en soit, une controverse avec eux, même s'ils ne recourent pas à l'*ultima ratio stultorum* mentionnée plus haut, n'apportera le plus souvent que des ennuis ; car on s'y trouvera aux prises non seulement avec leur capacité intellectuelle, mais aussi avec leur méchanceté morale. Celle-ci se manifestera notamment par la fréquente déloyauté de leur conduite dans la discussion. Les ruses, les artifices et les chicanes auxquels ils recourent pour se donner raison sont tellement nombreux et variés, et avec cela reparaissent si régulièrement, qu'ils furent pour moi, voilà quelques années, la matière spéciale de mes réflexions ; je m'en tins d'ailleurs uniquement à la forme, ayant reconnu que si différents puissent être les objets de discussion aussi bien que les personnes, les mêmes ruses et les mêmes artifices reparaissaient constamment et étaient très reconnaissables. Cela me donna alors l'idée de séparer nettement de leur matière la forme de ces ruses et de ces artifices, et de l'exposer aux regards comme une belle préparation anatomique. Je réunis donc tous les procédés déloyaux qui reviennent si fréquemment dans la discussion, et décrivis nettement chacun d'eux dans son essence particulière, en l'illustrant par des exemples et en lui donnant un nom spécial ; j'y ajoutai ensuite les moyens à employer pour s'en défendre, en quelque sorte les ripostes à ces feintes ; d'où s'ensuivit une dialectique éristique formelle. Alors les procédés ou stratagèmes signalés occupèrent dans celle-ci, en qualité de figures éristico-dialectiques, la place qu'en logique remplissent les figures syllogistiques, et en rhétorique les figures de cet art ; elles ont en effet cela de commun avec celles-ci, qu'elles sont en quelque sorte innées, leur problème étant antérieur à la théorie ; on n'a donc pas besoin, pour s'en servir, de les avoir d'abord apprises. Leur exposé purement formel serait en conséquence le complément de cette technique de la raison composée de logique, de dialectique et de rhétorique, que j'ai étudiée dans les Suppléments au *Monde comme volonté et comme représentation* (livre I, chap. IX). Comme, à ma connaissance, rien n'a encore été tenté à ce sujet, je ne pouvais me servir d'aucun travail antérieur ; j'ai seulement pu faire usage çà et là des *Topiques* d'Aristote, et leur emprunter quelques règles pour la disposition (κατασκευάζειν) et le renversement (ἀνασκευάζειν) des affirmations en vue de mon but. L'écrit de Théophraste mentionné par Diogène Laerce, et qui s'est perdu avec tous ses traités sur la rhétorique : Ἀγωνιστικόν τῆς περὶ τοὺς ἐριστικοὺς λόγους θεωρίας (*Discussion de la théorie au sujet des discours éristiques*), devait répondre de tout point à celui-ci. Platon aussi mentionne une ἀντιλογικὴ τέχνη, qui enseignait le ἐρίζειν, comme la διαλεκτική le διαλέγεσθαι. Parmi les livres modernes, celui qui se rapproche le plus de mon dessein est le *Tractatus logicus singularis, in quo processus disputandi, seu officia, æque ac vitia disputantium exhi-*

bentur, de Friedmann Schneider, en son vivant professeur à Halle, où son livre fut publié en 1718 ; dans ses chapitres sur les *vitia*, notamment, il met à jour maintes déloyautés éristiques. Seulement il ne se préoccupe que des discussions académiques formelles ; sa manière de traiter la chose est plate et maigre, comme l'est d'ordinaire cette marchandise universitaire, et, avec cela, son latin est détestable. Le *Methodus disputandi* publié l'année suivante par Joachim Lange est infiniment meilleur, mais ne renferme rien qui puisse me servir.

En entreprenant aujourd'hui la révision de mon précédent travail, je trouve que la revue abondante et minutieuse des menées tortueuses et des ruses auxquelles les natures vulgaires recourent pour dissimuler leurs défectuosités, ne répond plus à ma disposition d'esprit actuelle, et j'y renonce[1]. Cependant, pour faire connaître comment j'avais traité la chose à ceux qui seraient tentés plus tard d'aborder un sujet analogue, je veux citer ici quelques-uns de ces stratagèmes comme preuves à l'appui, en commençant par indiquer, d'après mon premier travail même, l' « esquisse de l'essentiel de toute discussion ». Cette esquisse fournissant l'échafaudage abstrait, en quelque sorte le squelette de la controverse, peut passer pour une ostéologie de celle-ci, et son étendue aussi bien que sa clarté la rendent bien digne de prendre place ici. La voici.

1. Ce premier essai plus étendu qui semblait alors fastidieux à Schopenhauer plus avancé en âge et devenu par là même plus indifférent aux coquineries petites et grandes de la pauvre espèce humaine, a été publié par Frauenstædt, en 1864, puis, d'une manière plus complète, en 1892, par Edouard Grisebach, dans les œuvres posthumes du philosophe, conformément au texte des manuscrits de celui-ci, déposés à la Bibliothèque royale de Berlin. (*Le trad.*)

Dans toute discussion, qu'elle soit publique comme dans les salles académiques et devant les tribunaux, ou qu'elle soit une simple conversation, le fait essentiel est le suivant :

Une thèse est exposée et doit être réfutée. Il y a pour cela deux modes et deux moyens.

1° Les modes sont : *ad rem* et *ad hominem*, ou *ex concessis*. Par le premier seul nous renversons la vérité absolue ou objective de la thèse, en établissant qu'elle ne s'accorde pas avec la nature de la chose qui est en jeu. Par le second, au contraire, nous renversons seulement sa vérité relative, en démontrant qu'elle contredit d'autres affirmations ou concessions du défenseur de la thèse, ou que les arguments de celui-ci sont insoutenables ; cas auquel la vérité objective de la chose même reste en réalité indécise. Ainsi, par exemple, si, dans une controverse sur des sujets philosophiques ou scientifiques, l'adversaire (un Anglais, naturellement) se permet d'alléguer des arguments bibliques, nous pouvons le réfuter par des arguments du même ordre, bien que ce ne soient que de simples *argumenta ad hominem*, qui, dans l'espèce, ne décident rien. C'est comme si l'on payait quelqu'un dans le même papier-monnaie qu'on a reçu de lui. Dans maints cas il en est de ce *modus procedendi* comme si un plaignant produisait devant le tribunal une fausse reconnaissance de dette que l'inculpé, de son côté, aurait reconnue par une fausse quittance : le prêt pourrait donc avoir eu lieu. Mais, comme ce dernier acte, la simple *argumentatio ad hominem* a souvent aussi l'avantage de la brièveté, en ce que fréquemment, dans l'un comme dans l'autre cas, l'élucidation vraie et approfondie de la chose serait extrêmement longue et difficile.

2° Les deux moyens sont le moyen direct et le moyen indirect. Le premier attaque la thèse par ses bases, le second par ses conséquences. Celui-là démontre qu'elle n'est pas vraie ; celui-ci, qu'elle ne peut l'être. Examinons-les de plus près.

a. En contredisant par le moyen direct, c'est-à-dire en attaquant les bases de la thèse, nous montrons ou que celles-ci mêmes ne sont pas vraies, en disant : *nego majorem* ou *nego minorem,* double négation par laquelle nous attaquons la *matière* de la conclusion fondant la thèse. Ou bien nous admettons ces bases, mais en montrant que la thèse ne sort pas d'elles. Nous disons donc : *nego consequentiam,* en attaquant ainsi la *forme* de la conclusion.

b. En contredisant par le moyen indirect, c'est-à-dire en attaquant la thèse par ses conséquences, pour conclure de la non vérité de celles-ci, moyennant la loi *à falsitate rationati ad falsitatem rationis valet consequentia,* à sa propre non vérité à elle-même, nous pouvons recourir maintenant ou à la simple instance, ou à l'apagogue (action d'entraîner).

α) L'instance, ἔνστασις, est un simple *exemplum in contrarium*. Elle contredit la thèse, en démontrant des faits ou des circonstances qui sont compris dans son affirmation, qui conséquemment se déduisent d'elle, mais que manifestement elle ne confirme pas ; elle ne peut donc être vraie.

β) Nous menons à bonne fin l'apagogue, en acceptant provisoirement la thèse comme vraie, mais en lui liant un autre principe reconnu vrai et incontesté, de telle sorte que tous deux deviennent les prémisses d'une conclusion manifestement fausse, en ce qu'elle contredit ou la nature des choses en général, ou la propriété sûrement reconnue de la chose dont il s'agit, ou une autre affirmation de l'adversaire de la thèse ; l'apagogue peut donc, d'après le *modus*, être aussi bien seulement *ad hominem* que *ad rem*. Mais si ce sont des vérités absolument incontestables, même certaines *à priori*, que cette conclusion contredit, alors nous avons mené notre adversaire même jusque *ad absurdum*. En tout cas, comme l'autre prémisse acceptée est d'une vérité dont on ne peut douter, la fausseté de la conclusion doit résulter de la thèse. Celle-ci peut donc n'être pas vraie.

Chaque forme d'attaque dans la discussion sera réductible aux procédés formellement exposés ici ; ceux-ci sont par conséquent, en dialectique, ce qu'en escrime sont les coups réguliers, tierce, quarte, etc. Par contre, on pourrait comparer les stratagèmes dont j'ai parlé aux feintes, et les incartades personnelles des contradicteurs aux « coups de ventre » des professeurs d'escrime des Universités. Comme preuve et exemples des stratagèmes que j'ai réunis, en voici qui peuvent trouver place ici.

Septième stratagème : l'extension. L'affirmation de l'adversaire est prolongée au delà de sa limite naturelle, c'est-à-dire prise dans un sens plus large que celui qu'il lui a assigné ou qu'il a même exprimé, pour la réfuter ensuite commodément en tel sens.

Exemple : *A* soutient que les Anglais ont dépassé dans l'art dramatique toutes les autres nations. *B* réplique par l'*instantia in contrarium*, en alléguant qu'en musique, et par conséquent aussi dans l'opéra, leurs productions ont peu de valeur. De là s'ensuit, comme riposte à cette feinte, que, dès que se produit une contradiction, il faut limiter sévèrement l'affirmation de celle-ci aux expressions employées, ou au sens qu'elle doit raisonnablement revêtir, et les resserrer dans des bornes aussi étroites que possible. Car plus une affirmation est générale, et plus elle est exposée aux attaques.

Huitième stratagème : la conséquence forcée. On ajoute à l'allégation de son adversaire, souvent même d'une façon tacite, une seconde allégation apparentée à celle-là par le sujet ou l'adjectif ; puis, de ces deux prémisses, on tire une conclusion fausse, le plus souvent hostile, qu'on impose à l'adversaire.

Exemple : *A* loue les Français d'avoir chassé Charles X. *B* réplique aussitôt : « Vous voulez donc que nous chassions notre roi ? » La phrase tacitement ajoutée par lui comme majeure est : « Tous ceux qui chassent leur roi sont dignes d'éloge ». Cela peut être ramené aussi aux *fallacia à dicto secundum quid ad dictum simpliciter*.

Neuvième stratagème : la diversion. Quand on remarque, au cours de la discussion, que les choses vont mal et que l'adversaire triomphera, on cherche à écarter le désagrément par une *mutatio controversiæ*, c'est-à-dire en détournant la discussion vers un autre sujet, notamment vers une chose secondaire, et même, le cas échéant, en y passant brusquement. Ceci fait, on essaie d'imputer la chose à son adversaire, pour la combattre et la substituer, comme thème de la controverse, au sujet primitif ; de sorte que l'adversaire doit se retourner de ce côté, perdant ainsi sa future victoire. Si, par malheur, un vigoureux contre-argument venait bientôt se dresser en face de l'autre, on imite bien vite le même procédé et l'on passe immédiatement de nouveau à un autre sujet ; manière d'agir qui peut se renouveler dix fois en un quart d'heure, à moins que l'adversaire ne perde patience. On exécutera le plus habilement ces diversions stratégiques, en faisant dévier insensiblement et d'une façon inaperçue la controverse sur un sujet apparenté à celui qui est en question, et autant que possible sur un point qui le concerne réellement encore, mais sous un rapport différent. Il est déjà moins délicat de maintenir simplement le sujet de la thèse, mais en mettant sur le tapis d'autres relations de ce sujet qui n'ont rien à voir avec celles qui sont en jeu ; par exemple, de passer du bouddhisme des Chinois à leur commerce de thé. Ceci ne peut-il se faire, on saisit au vol telle expression employée au hasard par l'adversaire, pour y rattacher une controverse toute nouvelle et se débarrasser ainsi de l'ancienne. Par exemple, l'adversaire s'est exprimé ainsi : « C'est précisément ici que gît le mystère de la chose » ; on riposte prestement : « Oh ! si vous parlez de mystères et de mysticisme, je ne suis pas votre homme ; car, en ce qui concerne cela, etc. », et voilà la seconde partie gagnée. Cette occasion même ne s'offre-t-elle pas, il faut se mettre plus hardiment encore à l'œuvre et passer soudainement à une chose tout à fait étrangère, comme, par exemple : « Oui, et vous affirmiez récemment, etc. » La diversion est, de tous les artifices employés, le plus souvent instinctivement, par les argumentateurs de mauvaise foi, le plus aimé et le plus habituel, et il est bien rare qu'ils n'y recourent pas, dès qu'ils se sentent embarrassés.

J'avais donc réuni et exposé environ une quarantaine de ces stratagèmes. Mais à présent la mise en lumière de tous ces recoins de l'inintelligence et de l'incapacité apparentées à l'entêtement, à la vanité et à la déloyauté, me remplit de dégoût ; aussi me borné-je aux preuves données, en renvoyant d'autant plus sérieusement aux raisons alléguées en vue d'éviter la discussion avec les gens tels qu'ils sont pour la plupart. On peut dans tous les cas tenter de venir en aide à l'intelligence d'un autre par des arguments ; mais aussitôt que, dans sa riposte, on remarque du parti-pris, il faut briser là sur le champ. Bientôt, en effet, votre adversaire deviendra déloyal, et ce qui dans la pratique est une chicane est dans la théorie un sophisme ; mais les stratagèmes dont il s'agit sont encore beaucoup plus indignes que les sophismes. La volonté y prend en effet le masque de l'intelligence, pour en jouer le rôle, ce qui est toujours répugnant ; de même que peu de choses soulèvent autant d'indignation que de voir un homme comprendre mal sciemment. Celui qui n'accepte pas les bonnes raisons de son adversaire témoigne ou d'une intelligence directement faible, ou opprimée par la domination de sa propre volonté, c'est-à-dire indirectement faible ; aussi ne convient-il de se chamailler avec un pareil individu, que si votre profession et votre devoir l'exigent.

Malgré tout ceci, je dois avouer, pour accorder auxdits stratagèmes ce qui leur revient, qu'il faut également, en présence d'un argument frappant de son adversaire, se hâter à son tour d'abandonner sa propre opinion. Un argument de ce genre nous fait sentir sa force ; mais les raisons à lui opposer, ou ce que nos allégations nous permettraient encore peut-être de sauver, cela ne s'offre pas aussi vite à nous. Si, en pareil cas, nous tenons aussitôt notre thèse pour perdue, il peut advenir que par cela même nous soyons infidèles à la vérité. En effet, l'avenir pourrait révéler que nous avions pourtant raison, et que, par faiblesse et manque de confiance en notre cause, nous avons cédé à l'impression du moment.

La preuve que nous avons établie à l'appui de notre thèse peut même avoir été réellement fausse, mais il peut y en avoir une autre qui soit vraie. C'est parce qu'ils sentent cela, que certains hommes même sincères et amis de la vérité ne cèdent pas aisément séance tenante à un bon argument, mais essaient une courte défense et persistent d'ordinaire même un moment encore dans leur opinion, quand la vérité de la contre-argumentation leur apparaît douteuse. Ils ressemblent en cela au général qui ne peut maintenir une position, et le sait, mais cherche à prolonger un peu la résistance, dans l'espoir qu'il sera débloqué. Ils espèrent que, tandis qu'ils se défendent avec de mauvaises raisons, les bonnes vont se présenter à eux, ou que la simple plausibilité des arguments de l'adversaire deviendra claire à leurs yeux. De telle façon qu'on est presque contraint à une petite déloyauté dans la discussion, alors qu'on doit combattre momentanément moins pour la vérité que pour son opinion. C'est là une conséquence de l'incertitude de la vérité et de l'imperfection de l'intellect humain. Mais alors se produit aussitôt le danger qu'on aille trop loin dans cette voie, que l'on combatte trop longtemps dans une mauvaise persuasion, que finalement on s'entête, et que, donnant accès à la méchanceté humaine, on défende *per fas et nefas*, fût-ce à l'aide de stratagèmes déloyaux, son opinion, en la maintenant *mordicus*. Puisse, en cette occurrence, son bon génie protéger chacun en particulier, afin qu'ensuite il n'ait pas à rougir! En attendant, la claire connaissance de la nature de la question exposée ici mène aussi, sous ce rapport, à la formation de soi-même.

SUR LA THÉORIE DES COULEURS

L'indifférence de mes contemporains ayant été impuissante à me faire prendre le change sur la vérité et l'importance de ma théorie des couleurs, j'ai revu et publié celle-ci deux fois : en allemand, en 1816, et en latin, en 1830, dans le tome III des *Scriptores ophtalmologici minores* de J. Radius. Le manque total d'intérêt qu'on lui a témoigné me laissant toutefois peu d'espoir, vu mon âge avancé, de voir paraître une seconde édition de mon travail, je veux consigner ici le peu que j'ai à ajouter sur ce sujet.

Celui qui entreprend de découvrir la cause de tel effet, commencera, s'il procède avec réflexion, par rechercher l'effet lui-même, puisque les données pour la découverte de la cause ne peuvent être puisées que chez lui, et que lui seul fournit la direction et le fil conducteur pour la découvrir. Cependant, nul de ceux qui, avant moi, ont exposé des théories au sujet des couleurs, ne l'a fait. Newton lui-même, sans avoir connu exactement l'effet à expliquer, n'est pas remonté à la recherche de la cause, et ses devanciers avaient agi de même. Gœthe aussi, qui a étudié et démontré beaucoup plus que les autres l'effet, le phénomène donné, c'est-à-dire l'impression dans l'œil, n'est pas non plus allé assez loin ; autrement il aurait dû rencontrer mes propres vérités, qui sont la racine de toute théorie de la couleur et qui renferment les fondements de la sienne. Je ne puis donc l'excepter, quand je dis que tous avant moi, depuis les temps les plus anciens jusqu'à nos jours, n'ont songé qu'à rechercher quelle modification doit subir ou la surface d'un corps, ou la lumière, soit par réduction en ses parties constitutives, soit par un obscurcissement quelconque, pour montrer une couleur, c'est-à-dire pour éveiller dans notre œil cette impression toute particulière et spécifique qui ne se laisse nullement définir, et ne se démontre que par les sens. Au lieu de cela, la voie méthodique et vraie est évidemment de se tourner tout d'abord vers cette impression, pour voir si sa nature proprement dite et les lois de ses phénomènes ne révéleraient pas ce qui s'y passe physiologiquement. Ainsi seulement l'on a une connaissance approfondie et exacte de l'effet comme la chose donnée, qui doit également fournir des données pour la recherche de la cause comme la chose cherchée, c'est-à-dire, ici, de l'excitation qui, agissant sur notre œil, provoque ce fait physiologique. Chaque modification possible d'un effet donné doit laisser démontrer une modificalité de sa cause répondant exactement à celle-là ; ensuite, là où les modifications de l'effet ne montrent pas de limites nettement accusées, il ne peut y en avoir non plus dans la cause, et la même gradation des transitions doit exister ; enfin, là où l'effet laisse apparaître des oppositions, c'est-à-dire permet une interversion complète de sa manière, les conditions doivent ici aussi résider dans la nature de la cause acceptée, et ainsi de suite. L'application de ces principes généraux à la théorie des couleurs est facile. Tous ceux qui sont au courant de la question verront immédiatement que ma théorie, qui considère la couleur seulement en elle-même, c'est-à-dire comme impression spécifique dans l'œil, fournit déjà des données *à priori* pour juger les théories de Newton et de Gœthe sur le caractère objectif de la couleur, c'est-à-dire les causes extérieures qui provoquent dans l'œil une telle impression. Mais, en y regardant de plus près, on trouvera que, du point de vue de ma théorie, tout parle en faveur de la théorie de Gœthe contre celle de Newton.

Pour donner aux gens compétents seulement une preuve de ce que je viens d'avancer, j'exposerai en quelques mots comment la justesse du phénomène primordial physique de Gœthe résulte déjà *à priori* de ma théorie physiologique. Si la couleur en soi, c'est-à-dire dans l'œil, est l'activité nerveuse de la rétine qualitativement partagée en deux, donc excitée seulement en partie, sa cause extérieure doit être une lumière amoindrie, mais amoindrie d'une façon toute spéciale, ayant cette particularité qu'elle distribue à chaque couleur juste autant de lumière qu'à l'opposition et au complément physiologiques de la même obscurité (σκιερόν). Mais ceci ne peut s'effectuer sûrement et suffisamment pour tous les cas, que si la cause de la clarté dans une couleur donnée est précisément la cause de l'ombre ou obscurcissement dans le complément de celle-ci. Or, cette exigence est pleinement satisfaite par la cloison opaque intercalée entre la lumière et l'obscurité, qui, dans un éclairage opposé, produit constamment deux couleurs se complétant physiologiquement; ces couleurs seront différentes, selon le degré d'épaisseur et de compacité de cet obscurcissement, mais se compléteront toujours jusqu'au blanc, c'est-à-dire jusqu'à la pleine activité de la rétine. En conséquence, quand l'obscurcissement est le plus ténu, ce sera le jaune et le violet; s'il s'accroît, ceux-ci passeront à l'orangé et au bleu, et, à un degré plus prononcé, au rouge et au vert. Ce dernier toutefois n'est pas facile à représenter par cette voie simple, bien que le ciel, au coucher du soleil, le laisse parfois apparaître faiblement. L'obscurcissement est-il enfin complet, c'est-à-dire porté jusqu'à l'impénétrabilité, la lumière en tombant fait apparaître le blanc; placée par derrière, l'obscurité, ou le noir. Le développement de cette façon de voir se trouve dans le remaniement en latin de ma théorie des couleurs, § 11.

Cela explique que si Gœthe avait découvert lui-même ma théorie physiologique des couleurs, qui est la théorie fondamentale et essentielle, il aurait trouvé en elle une solide confirmation de son concept fondamental physique, et ne serait pas tombé en outre dans l'erreur de nier absolument la possibilité d'obtenir le blanc au moyen des couleurs; l'expérience témoigne au contraire en faveur de cette possibilité, quoique toujours dans le sens de ma théorie, et jamais de celle de Newton. Bien que Gœthe ait réuni de la façon la plus complète les matériaux de la théorie physiologique de la couleur, il lui a été refusé de trouver celle-ci même, qui est pourtant la chose fondamentale, et, par conséquent, celle dont il s'agit en réalité. Mais ceci s'explique par la nature de son esprit : il était trop objectif pour cela. « Chacun a les défauts de ses vertus[1] », a dit quelque part Mme George Sand. C'est précisément l'étonnante objectivité de son esprit, laquelle imprime à toutes ses créations le sceau du génie, c'est cela qui l'a empêché de remonter jusqu'au *sujet*, c'est-à-dire jusqu'à l'œil qui voit, pour y ressaisir les derniers fils auxquels se rattache l'ensemble des phénomènes du monde de la couleur ; tandis que moi, au contraire, sortant de l'école de Kant, j'étais des mieux préparé à bien remplir cette tâche; et voilà pourquoi j'ai pu trouver, un an après m'être soustrait à l'influence personnelle de Gœthe, la vraie et fondamentale théorie de la couleur, désormais incontestable. L'instinct de Gœthe le poussait à tout saisir et tout rendre objectivement ; alors il était conscient d'avoir fait son devoir, et ne pouvait aller plus loin. De là vient que parfois nous ne rencontrons dans sa théorie des couleurs qu'une simple description, quand nous attendions une élucidation. Aussi un exposé exact et complet du fait objectif lui a-t-il semblé être la seule chose réalisable. La vérité la plus générale et la plus haute de sa théorie des couleurs est donc un fait objectif exprimé, que lui-même dénomme très justement un phénomène primitif. Avec cela, tout lui semblait fait ; un « voilà ! » exact était en tout pour lui le but suprême, sans qu'il se fût préoccupé d'un « il doit en être ainsi ». Il pouvait même railler :

> « Le philosophe qui entre ici,
> Et vous prouve qu'il doit en être ainsi [1] ».

Il était en effet poète, et non philosophe, c'est-à-dire non animé — ou possédé, — comme on veut, de la passion d'approfondir les fins suprêmes et l'enchaînement tout à fait intime des choses. Voilà justement pourquoi il a dû me laisser comme glanure le meilleur de la moisson, puisque c'est chez moi seul que se trou-

1. « Der Philosoph der tritt herein
Und beweist euch, es müsste so sein ».

Vers de Méphistophélès à l'écolier, dans la première partie du *Faust* de Gœthe. *(Le trad.)*

vent les données les plus importantes sur l'essence de la couleur, la clef seule satisfaisante et définitive de tout ce que Gœthe enseigne. Son phénomène primitif, après que je l'ai déduit de ma théorie, ne mérite donc plus ce nom. Au lieu d'être, comme il le prétendait, une chose absolument donnée et dérobée pour jamais à toute explication, il n'est bien plutôt que la cause primitive, nécessaire, d'après ma théorie, à la production de l'effet, c'est-à-dire au partage en deux de l'activité de la rétine. Le véritable phénomène primitif, c'est seulement cette capacité organique que possède la rétine de mettre successivement en jeu son activité nerveuse en deux moitiés qualitativement opposées, tantôt égales, tantôt inégales. Mais nous devons en rester là, car, à partir de ce point, nous apercevons tout au plus encore des causes finales, comme c'est le cas habituel en physiologie. Ainsi la couleur nous donne comme un moyen de plus de distinguer et de reconnaitre les choses.

Ma théorie des couleurs a de plus ce grand avantage sur toutes les autres, qu'elle rend compte de la particularité de l'impression de chaque couleur, en reconnaissant en elle une fraction déterminée de la pleine activité de la rétine, fraction qui appartient au côté + ou au côté — : ce qui renseigne sur la différence spécifique des couleurs et l'essence particulière de chacune. Tandis que la théorie newtonienne, au contraire, laisse sans explication aucune cette différence spécifique et cet effet particulier de chaque couleur, vu que la couleur est pour elle une *qualitas occulta* (*calorifica*) des sept lumières homogènes ; elle donne donc un nom à chacune de ces sept couleurs, puis les laisse là. Gœthe, de son côté, se borne à partager les couleurs en chaudes et en froides, s'en remettant pour le reste à ses considérations esthétiques. Ainsi donc, moi seul ai indiqué le rapport ignoré jusque là de l'essence de chaque couleur avec l'impression exercée par celle-ci.

J'ai démontré dans ma théorie que la production du blanc au moyen des couleurs repose, elle aussi, exclusivement sur le terrain physiologique, puisqu'elle ne s'effectue que par la réunion de deux couleurs complémentaires, c'est-à-dire deux couleurs dans lesquelles l'activité de la rétine, se partageant par moitié, s'est écartée. Cela ne peut venir que de ce que les deux causes primitives extérieures stimulant chacune l'œil, agissent à la fois sur le même endroit de la rétine. J'ai indiqué plusieurs manières d'obtenir ce résultat ; la plus facile et la plus simple est de faire tomber le violet du spectre prismatique sur le papier jaune. Mais si l'on ne veut pas se contenter de simples couleurs prismatiques, le meilleur sera de réunir une couleur transparente et une couleur réfléchie, par exemple de faire tomber à travers un verre jaune rougeâtre la lumière sur une glace en verre bleu. L'expression « couleurs complémentaires » n'a de vérité et de signification qu'entendue au sens physiologique; en dehors de ce sens, elle ne veut rien dire.

En ce qui concerne les Allemands, leur jugement sur la théorie des couleurs de Gœthe répond aux espérances que fait concevoir une nation qui a pu préconiser pendant trente ans, et avec un tel ensemble d'acclamations que toute l'Europe en a retenti, comme le plus grand de tous les penseurs et de tous les sages, un philosophastre aussi dépourvu d'esprit et de mérite, aussi entêté de sottises et absolument vide, que Hegel. Je sais très bien que *desipere est juris gentium*, c'est-à-dire que chacun a le droit de juger comme il comprend et suivant son goût ; mais, à son tour, chacun de ceux-là permettra à la postérité, et avant tout à ses voisins, de le payer de retour. En cette matière aussi il y a encore une Némésis.

Gœthe possédait le fidèle regard objectif qui se plonge dans la nature des choses ; Newton n'était qu'un mathématicien, seulement empressé de mesurer et de calculer, et basant ses fondements sur une théorie décousue du phénomène superficiellement saisi. C'est la pure vérité. Cela dit, grimacez maintenant à votre aise.

J'ajouterai ici pour le grand public l'article de deux pages pleines que j'ai écrit, en 1849, à l'occasion du centenaire de la naissance de Gœthe, sur l'album présenté à cet effet par la ville de Francfort et qui a été déposé dans sa Bibliothèque. Le début de l'article se réfère aux solennités des plus imposantes par lesquelles fut inaugurée cette journée.

ÉCRIT DANS L'ALBUM DE GOETHE

Ni des statues ornées de couronnes, ni des salves d'artillerie, ni le son des cloches, ni, à plus forte raison, des banquets où l'on entend des discours, ne sont suffisants pour expier l'injustice grave et révoltante subie par Gœthe relativement à sa théorie des couleurs. Au lieu, en effet, que la vérité complète et la haute excellence de celle-ci aient été reconnues selon leur mérite, cette théorie passe habituellement pour un essai manqué dont les gens compétents ne font que sourire, comme s'exprimait récemment un journal, pour une faiblesse du grand homme, qu'il convient de déplorer et d'oublier. Cette injustice sans exemple, ce renversement inouï de toute vérité ne sont devenus possibles que parce qu'un public lourd, paresseux, indifférent, dépourvu de jugement, par suite facilement abusé, a renoncé en cette affaire à tout examen personnel, si facile qu'il eût été, même sans connaissances préalables, pour s'en remettre aux « gens compétents », c'est-à-dire aux gens qui pratiquent une science non pour elle-même, mais pour le gain, et se laisser abuser par les arrêts sans appel et les grimaces de ceux-ci. Si, pour une fois, ce public ne voulait pas juger avec ses propres moyens, mais, comme les personnes mineures, croire sur parole l'autorité, l'autorité du plus grand homme dont, avec Kant, puisse s'honorer la nation, aurait dû avoir plus de poids que celle de plusieurs milliers de pareils industriels pris ensemble, et surtout dans une matière dont, sa vie durant, il avait fait son occupation principale. Quant à la décision de ces hommes du métier, en voici la raison : ils se trouvèrent pitoyablement honteux quand il fut révélé que non seulement ils n'avaient pas mis le doigt sur ce qui était manifestement faux, mais que pendant cent ans ils l'ont vénéré, enseigné et répandu avec une foi aveugle et une pieuse admiration, sans recherche ni examen personnels, jusqu'à ce qu'un vieux poète fût venu apporter une meilleure théorie. Après cette humiliation qu'ils n'ont pas cessé de ressentir, ils se sont entêtés, à la façon des pécheurs, ont rejeté arrogamment l'enseignement tardif qui leur arrivait, et par un attachement opiniâtre, qui dure depuis quarante-quatre ans déjà, au faux et même à l'absurde manifestement prouvé tel, ils ont, il est vrai, gagné du temps, mais aussi centuplé leur faute. Tite-Live l'a déjà dit :

veritatem laborare nimis sœpe, extingui nunquam[1]. Le jour de la déception viendra, il faut qu'il vienne. Et alors ? — Alors... « nous nous évertuerons comme nous pourrons[2] ».

Dans les États allemands qui possèdent des Académies des sciences, les ministres de l'instruction publique préposés à celles-ci ne pourraient manifester d'une façon plus noble et plus sincère leur respect évidemment certain pour Gœthe, que s'ils demandaient auxdites Académies de leur fournir dans un délai fixé une critique approfondie et étendue de la théorie des couleurs de Gœthe, en décidant une bonne fois entre elle et celle de Newton. Ces messieurs haut placés devraient entendre ma voix, qui réclame justice pour notre plus grand mort, et lui faire bon accueil, sans en appeler d'abord à ceux qui,. par leur silence irresponsable, sont eux-mêmes complices. C'est le chemin le plus sûr pour laver Gœthe de cette honte imméritée. Alors il ne s'agirait plus de décider l'affaire avec des arrêts sans appel ou des grimaces, ou de prétexter piteusement que ce qui est en jeu ici, ce n'est pas le jugement, mais le calcul ; les maîtres-jurés se trouveraient sans doute dans l'alternative ou d'accorder à la vérité son droit, ou de se compromettre de la façon la plus grave. Sous l'influence de ce genre de poucettes, on peut espérer quelque chose d'eux : mais on n'a absolument rien à craindre. Comment en effet, devant un examen sérieux et sincère, les chimères newtoniennes, les sept couleurs prismatiques qui n'existent manifestement pas et n'ont été imaginées qu'en faveur de la gamme, le

1. « On ne peut que trop souvent blesser la vérité, mais jamais la tuer ».

2. Gœthe, *Egmont*, acte II, scène II.

rouge qui n'est pas rouge et le simple vert primitif qui se mélange naïvement sous nos yeux de bleu et de jaune, la monstruosité des lumières homogènes sombres, même indigo, recélées et cachées dans la claire lumière du soleil, leur diverse réfrangibilité dont chaque lorgnette de spectacle achromatique révèle le mensonge, comment ces contes, dis-je, subsisteraient-ils à l'encontre de la limpide et simple vérité de Gœthe, de son explication de tous les phénomènes des couleurs ramenée à une grande loi naturelle, à laquelle la nature apporte partout et en toute circonstance son incorruptible témoignage? Nous pourrions aussi bien craindre de voir réfuter le un et un font deux.

Qui non liberè veritatem pronuntiat, proditor veritatis est[1].

1. « Celui qui n'affirme pas librement la vérité, est traître à la vérité ».

DE LA PHYSIONOMIE

Que l'extérieur reflète l'intérieur et que le visage exprime le caractère entier de la personne, c'est là une supposition dont l'apriorité, et par conséquent la certitude, se manifeste par le désir qu'on a en toute occasion de *voir* un homme qui s'est distingué en n'importe quoi, en bien comme en mal, ou qui a produit quelque œuvre exceptionnelle ; ou si ce désir ne peut être satisfait, d'apprendre du moins par les autres quel air il a. Voilà pourquoi l'on court, d'une part, aux endroits où l'on soupçonne sa présence, et, d'autre part, pourquoi les gazettes, et spécialement les gazettes anglaises, s'efforcent de le dépeindre d'une façon minutieuse et frappante. Bientôt peintres et graveurs le mettent visiblement sous nos yeux, et enfin le daguerréotype, si hautement apprécié à ce point de vue, répond dans la perfection à ce besoin.

De même, dans la vie quotidienne, chacun examine physiognomiquement tous ceux avec lesquels il entre en contact, et cherche à part lui à reconnaître au préalable son caractère moral et intellectuel d'après les traits de son visage. Ce ne serait pas le cas, si, comme le prétendent quelques fous, l'extérieur de l'homme ne signifiait rien, l'âme étant une chose et le corps une autre, qui se rapportent celui-ci à celle-là comme l'habit à l'individu.

Chaque visage humain est au contraire un hiéroglyphe qui se laisse d'ailleurs déchiffrer, et dont nous portons même en nous l'alphabet complet. En règle générale même, le visage d'un homme dit plus de choses, et plus intéressantes, que sa bouche. Il est en effet le compendium de tout ce que celle-ci proférera, en ce qu'il constitue le monogramme de tout son penser et de toutes ses aspirations. La bouche n'exprime aussi que la pensée d'un homme, tandis que le visage exprime une pensée de la nature. Aussi chacun mérite-t-il qu'on l'observe attentivement, quoique chacun ne mérite pas que l'on cause avec lui. Mais si chaque individu est digne d'examen comme pensée isolée de la nature, la beauté en est digne au plus haut degré, car elle est une conception plus haute et plus générale de la nature ; elle est sa pensée de l'espèce. C'est pour cela qu'elle captive si puissamment notre regard. Elle est une pensée fondamentale et capitale de la nature ; tandis que l'individu n'en est qu'une pensée accessoire, un corollaire.

Chacun part tacitement du principe qu'un homme *est* ce qu'il *paraît ;* ce principe est exact, mais la difficulté gît dans son application. L'aptitude à la mettre en œuvre est en partie innée, en partie acquise par l'expérience ; mais personne ne la possède à fond, et même le plus expérimenté commet encore des erreurs. En tout cas le visage ne ment pas, — quoi que puisse dire Figaro, — mais c'est nous qui y lisons ce qui n'y est pas écrit. L'art de le déchiffrer, à la vérité, est compliqué et difficile. Ses principes ne peuvent jamais s'apprendre in *abstracto*. La première condition, c'est que l'on observe son homme d'un regard purement objectif, et cela n'est pas si aisé. Dès qu'à l'examen se mêle le plus petit signe d'antipathie ou de sympathie, de crainte ou d'espoir, ou l'idée seule de l'impression que nous-même faisons sur *lui*, bref, n'importe quoi de subjectif, l'hiéroglyphe devient confus et faux. De même que le son d'un langage n'est entendu que de celui qui ne le comprend pas, parce que la signification chasse aussitôt de la conscience le signe qui la représente, ainsi la physionomie d'un homme est seulement vue par celui qui est encore étranger à celui-ci, c'est-à-dire qui ne s'est pas accoutumé à son visage en le voyant souvent ou en causant souvent avec lui. En conséquence, ce n'est en réalité que le premier coup d'œil qui donne l'impression purement objective d'un visage et la possibilité de le déchiffrer. Il en est des visages comme des odeurs ou du bouquet d'un vin, que nous ne percevons bien qu'à leur première révélation ou au premier verre ; eux aussi ne produisent leur pleine impression que la première fois. Il faut donc faire bien attention à celle-ci, la noter, et même, quand il s'agit de personnes d'une importance spéciale pour nous, l'inscrire, au cas, bien entendu, où l'on peut se fier à son propre sentiment en cette matière. La connaissance ultérieure et les relations sociales dissiperont cette impression, mais la suite des temps la confirmera.

En attendant, nous ne nous dissimulerons pas que ce premier coup d'œil est le plus souvent tout à fait désagréable ; car combien peu de gens valent cher ! A l'exception des visages beaux, bons et intelligents, qui sont en très petit nombre, je crois que chaque nouveau visage provoque le plus souvent chez les personnes délicatement douées une sensation semblable à de l'effroi, vu que l'impression désagréable s'offre dans une combinaison nouvelle et surprenante.

En règle générale, c'est vraiment un aspect attristant (*a sorry sight*). Il y a même des individus dont la face est empreinte d'une si naïve vulgarité et bassesse de caractère, d'une si bestiale étroitesse d'intelligence, que l'on s'étonne qu'ils osent sortir avec un pareil visage et ne préfèrent pas porter un masque. Oui, il y a des visages dont le seul aspect vous fait éprouver une sensation de souillure. On ne peut donc blâmer les personnes à qui leur situation favorisée le permet, de se retirer du monde pour échapper à la pénible sensation de « voir des visages nouveaux ».

L'explication métaphysique de ce point repose sur la considération que l'individualité d'un chacun est exactement la chose de laquelle, ramené par son existence même, il doit être corrigé. Mais si l'on se contente de l'explication psychologique, qu'on se demande quelle physionomie on peut attendre de ceux qui, au cours d'une longue vie, n'ont guère nourri que des pensées mesquines, basses, misérables, des désirs vulgaires, égoïstes, envieux, méchants et criminels ! Chacune de ces tares a laissé pour toujours son empreinte sur le visage ; toutes ces marques l'ont, avec le temps, par la fréquente répétition, profondément sillonné, et il est, comme on dit, marqué dans les règles. Voilà pourquoi la plupart des êtres humains font peur la première fois qu'on les voit ; c'est seulement peu à peu que l'on s'habitue à leur visage, c'est-à-dire qu'on se défend contre l'impression de celui-ci, de façon qu'elle devient indifférente.

L'expression durable du visage ne se forme donc

que lentement par de nombreuses tensions passagères et caractéristiques des traits. C'est aussi la raison pour laquelle les visages intelligents ne deviennent tels que peu à peu, et n'atteignent même leur haute expression que dans la vieillesse ; quant aux portraits de leur jeunesse, ils n'en montrent que les premières traces. Mais ce que je viens de dire du premier effroi qu'inspire un visage inconnu, s'accorde avec la remarque que c'est seulement la première fois qu'on le voit, qu'un visage produit sa véritable et pleine impression. Pour recevoir celle-ci d'une façon purement objective et fidèle, nous ne devons avoir aucune espèce de relations avec la personne, ni même, autant que possible, avoir jamais causé avec elle. Une conversation crée jusqu'à un certain point des liens d'amitié, et amène un certain « rapport »[1], une relation subjective réciproque qui porte immédiatement atteinte à la vue objective. Chacun s'efforçant en outre de s'acquérir soit la haute estime, soit l'amitié des autres, l'individu qu'on observe recourra aussitôt à toute espèce de déguisements qui lui sont déjà familiers, prendra des mines hypocrites et flatteuses, et nous corrompra si bien, que bientôt nous ne verrons plus ce que le premier coup d'œil nous avait pourtant nettement montré. On dit après cela que « la plupart des gens gagnent à être connus » ; mais on devrait dire que, dans ce cas, ils nous dupent plutôt. Si, par la suite, on vient à souffrir d'eux, le jugement du premier coup d'œil reçoit le plus souvent sa justification, qu'il fait ironiquement valoir.

Si « la connaissance plus étroite » est au contraire tout de suite hostile, on ne trouvera pas non plus que

1. En français dans le texte.

les gens y gagneraient. Une autre raison de l'avantage apparent d'une connaissance plus étroite, c'est que l'homme dont le premier aspect nous a été antipathique, ne montre plus seulement, dès que nous conversons avec lui, son essence et son caractère propres, mais aussi sa culture, c'est-à-dire, outre ce qu'il est réellement par le fait de la nature, ce que de plus il s'est assimilé du patrimoine commun de l'humanité. Les trois quarts des choses qu'il dit ne lui appartiennent pas et lui sont venues du dehors; et nous sommes souvent étonnés d'entendre un pareil minotaure parler si humainement. Et si de « la connaissance plus étroite » on passe à une plus étroite encore, la « bestialité » que son visage annonçait se manifestera dans toute sa splendeur.

Ainsi, un homme qui possède le don de lire nettement sur les physionomies doit prêter bien attention à toutes ces remarques impartiales, avant de se livrer à « la connaissance plus étroite ». Car le visage d'un être humain exprime nettement ce qu'est cet être, et s'il nous déçoit, ce n'est pas sa faute, mais la nôtre. Les paroles d'un homme, au contraire, disent seulement ce qu'il pense, plus souvent encore seulement ce qu'il a appris, ou même ce qu'il prétend penser. A cela s'ajoute que, quand nous causons avec lui, que nous l'entendons même seulement causer avec d'autres, nous faisons abstraction de sa physionomie proprement dite; nous la laissons à l'écart comme *substractum*, comme chose simplement donnée, et nous ne portons notre attention que sur la pathognomie de celle-là, sur la mimique qui accompagne la parole. L'homme s'arrange d'ailleurs de façon à tourner vers le dehors le bon côté.

Quand Socrate disait à un jeune homme qui lui avait

été présenté pour qu'il examinât ses aptitudes : « Parle, afin que je te voie » (une fois admis que par *voir* il ne comprît pas simplement *entendre*), il avait raison en ce sens que la parole seule donne de l'animation aux traits humains, en particulier aux yeux, et que les facultés intellectuelles de l'homme impriment à sa mimique leur sceau ; cela nous met alors en état d'apprécier provisoirement le degré et la capacité de son intelligence, ce qui était en cette circonstance le but de Socrate. D'autre part, il convient d'observer, premièrement, que cela ne s'étend pas aux qualités morales de l'homme, qui sont plus profondes, et, secondement, que ce que la parole d'un homme nous fait gagner objectivement en développant plus nettement ses traits grâce au jeu de sa mimique, nous le reperdons subjectivement par suite du rapport personnel dans lequel il entre aussitôt avec nous, et qui amène une légère fascination dont nous subissons l'influence, comme il a été expliqué plus haut. Aussi serait-il plus exact de dire, à ce dernier point de vue : « Ne parle pas, afin que je te voie ».

Car, pour saisir nettement et à fond la vraie physionomie d'un être humain, il faut observer celui-ci quand il est seul et laissé à lui-même. Déjà la société et la conversation qui en résultent jettent sur lui un reflet étranger qui est presque toujours à son avantage ; cela le place dans une condition d'action et de réaction qui l'anime et le rehausse. Au contraire, seul et livré à lui-même, pateaugeant dans la mare de ses propres idées et sensations, ce n'est qu'alors qu'il est absolument lui-même. Alors un regard d'une grande pénétration, qui observe sa physionomie, peut saisir d'un seul coup tout son être dans son ensemble. Car son visage indique le ton fondamental de toutes ses pensées et de tous ses efforts, l' « arrêt irrévocable »[1] de ce qu'il sera et dont il n'est pleinement conscient que lorsqu'il est seul.

Pour cette raison déjà la science de la physionomie est un des principaux facteurs de la connaissance de l'homme, parce que la physionomie, au sens étroit, est la seule chose qui reste inaccessible à ses moyens de dissimulation ; celle-ci n'a d'autres ressources que la pathognomie et la mimique. C'est précisément pourquoi je recommande de saisir sur le vif les êtres humains quand ils sont seuls, livrés à leurs propres pensées, avant qu'on leur ait parlé, et cela pour deux raisons. La première, parce qu'en ce cas seul la physionomie s'offre à vous purement et simplement, tandis que, dans la conversation, la pathognomie se met aussitôt de la partie et que votre interlocuteur fait appel aux moyens de dissimulation qu'il a appris ; la seconde, parce que tout rapport personnel, même le plus fugitif, nous rend partial, et corrompt subjectivement notre jugement.

J'observerai encore que, en matière physiognomique, il est beaucoup plus facile de découvrir les aptitudes intellectuelles d'un être humain que son caractère moral. Les aptitudes intellectuelles prennent une direction beaucoup plus en dehors. Elles sont exprimées non seulement par le visage et la mimique, mais aussi par la marche, par chaque mouvement, si petit qu'il soit. On pourrait peut-être distinguer déjà par derrière un imbécile, un fou et un homme d'esprit. L'imbécile se révèle à la pesanteur de tous ses mouvements, le fou à chacun de ses gestes ; l'homme d'esprit et de

1. En français dans le texte.

réflexion, de cette même façon. De là cette observation de La Bruyère : « Il n'y a rien de si délié, de si simple, et de si imperceptible, où il n'y entre des manières qui nous décèlent : un sot ni n'entre, ni ne sort, ni ne s'assied, ni ne se lève, ni ne se tait, ni n'est sur ses jambes, comme un homme d'esprit ». Cela explique, soit dit en passant, cet « instinct sûr et prompt » avec lequel, suivant Helvétius, les gens ordinaires découvrent les gens d'esprit, et les fuient. Le fond de la chose, c'est que plus gros et plus développé est le cerveau et plus minces sont par rapport à lui la moelle épinière et les nerfs, d'autant plus grande est non seulement l'intelligence, mais aussi la mobilité et la souplesse de tous les membres ; cela provient de ce que ceux-ci obéissent alors à une direction plus immédiate et plus décisive du cerveau, que par suite chaque chose est mieux tirée par un seul fil, de sorte que leur but se marque exactement dans chaque mouvement. Ce fait est analogue au suivant, et même en connexion avec lui : plus un animal occupe une place élevée sur l'échelle des êtres, et plus il est facile de le tuer en le blessant à un seul endroit. Prenons, par exemple, les batraciens. Lourds, paresseux et lents dans leurs mouvements, ils sont également inintelligents, et ont avec cela la vie excessivement dure ; la raison en est qu'avec un très petit cerveau ils ont une moelle épinière et des nerfs très épais. La marche et les mouvements du bras sont avant tout des fonctions du cerveau ; les membres externes reçoivent en effet de lui, par les nerfs de la moelle épinière, leur mouvement et chaque modification de celui-ci, même la plus faible ; et c'est précisément pourquoi les mouvements volontaires nous fatiguent. Cette fatigue a, comme la douleur, son siège dans le cerveau, et non pas, comme nous nous l'imaginons, dans les membres; aussi amène-t-elle le sommeil. D'autre part, les mouvements non provoqués par le cerveau, c'est-à-dire les mouvements involontaires de la vie organique, du cœur, des poumons, etc., s'effectuent sans causer de fatigue. La pensée aussi bien que le gouvernement des membres incombant au même cerveau, le caractère de son activité s'empreint dans celle-là comme dans ceux-ci, suivant la nature de l'individu; les imbéciles se meuvent comme des mannequins, tandis que chaque membre des gens d'esprit parle de lui-même.

Beaucoup mieux cependant qu'aux gestes et aux mouvements, les qualités intellectuelles sont discernables au visage, à la forme et à la grandeur du front, à la contention et à la mobilité des traits, et avant tout à l'œil, depuis le petit œil trouble et éteint du porc, en s'élevant par tous les degrés intermédiaires jusqu'à l'œil rayonnant et étincelant de l'homme de génie. Le regard de l'*intelligence*, même la plus raffinée, diffère de celui de la génialité, en ce qu'il porte l'empreinte du service de la volonté; tandis que celui de cette dernière en est exempt[1].

Aussi faut-il ajouter foi entière à l'anecdote rapportée par Squarzafichi, dans sa *Vie de Pétrarque*, et qu'il a empruntée à un contemporain du poète, Joseph Brivius[2]. Un jour que, à la cour des Visconti, Pétrarque se trouvait mêlé à beaucoup de personnages et de gentilshommes, Galeazzo Visconti demanda à son fils

1. Se reporter à ce que dit Schopenhauer de l'expression du visage des hommes de génie. dans son chapitre intitulé *Pensées se référant à l'intellect*. pages 109 et suivantes de *Métaphysique et esthétique*. (*Le trad.*)

2. Ou plutôt Giuseppe Brivio, chanoine de la cathédrale de Milan, sa ville natale (1370-1450). (*Le trad.*)

encore enfant, et qui devint le premier duc de Milan, de lui désigner l'homme le plus sage parmi les assistants. L'enfant examina tout le monde un moment, puis il saisit la main de Pétrarque, et le conduisit à son père, au milieu du grand étonnement des spectateurs de cette scène[1]. C'est qu'en effet la nature imprime si nettement à ses privilégiés le sceau de sa dignité, qu'un enfant les reconnaît. Je conseillerais en conséquence à mes sagaces compatriotes, au cas où il leur reprendrait envie de proclamer pendant trente ans, à coups de trompettes, un homme ordinaire comme un grand esprit, de ne plus choisir pour cela une physionomie de débitant de bière telle que celle de Hegel, sur le visage de qui la nature avait inscrit avec ses caractères les plus lisibles la formule qui lui est si habituelle : « homme ordinaire ».

Mais ce qui s'applique au côté intellectuel ne s'applique pas au côté moral, au caractère de l'être humain. Celui-ci est bien plus difficilement discernable par les traits de la physionomie, parce que, étant de nature métaphysique, il a des racines beaucoup plus profondes, et tout en se trouvant aussi en connexion avec la corporisation, l'organisme, il ne lui est pas rattaché aussi directement, et à une partie aussi bien qu'à un système déterminés, que l'intellect. Il advient de là que, tandis que chacun étale publiquement son intelligence, dont il est habituellement très satisfait, et s'efforce de la montrer en toute circonstance, on exhibe rarement en pleine lumière le côté moral, et on le cache même le

1. Schopenhauer racontait pour sa part à un ami qu'un jour, à Florence, à une table d'hôte, un voyageur inconnu lui avait dit : « Vous avez l'air d'avoir fait quelque chose de grand, une grande œuvre ou une grande action ». Ed. Grisebach, *Schopenhauers Gespräche*, 1898, p. 59. (*Le trad.*)

plus souvent à dessein ; exercice auquel la longue pratique finit par donner une grande maîtrise.

En attendant, comme il a été expliqué plus haut, les pensées mauvaises et les aspirations viles impriment peu à peu leurs traces sur le visage, et spécialement dans le regard. C'est pourquoi, jugeant par la physionomie, nous pouvons aisément garantir que tel homme ne produira jamais une œuvre immortelle, mais non pas qu'il ne commettra jamais un grand crime.

TABLE DES MATIÈRES

ÉVREUX, IMPRIMERIE CH. HÉRISSEY, PAUL HÉRISSEY, SUCC[r]

www.ingramcontent.com/pod-product-compliance
Ingram Content Group UK Ltd.
Pitfield, Milton Keynes, MK11 3LW, UK
UKHW021042200726
13857UKWH00003B/780